Schriften

des

Vereins für Socialpolitik.

129. Band. Achter Teil.

Gemeindebetriebe.

Neuere Versuche und Erfahrungen über die Ausdehnung der kommunalen Tätigkeit in Deutschland und im Ausland.

Zweiter Band.

Achter Teil.

Leipzig,
Verlag von Duncker & Humblot.
1910.

Die Gemeindebetriebe der Stadt Halle a. S.

Mit Beiträgen
von
Dr. phil. Georg Goldstein
Berlin

Gewerbereferendar **Hugo Wasmuht** und Gerichtsreferendar **Paul Ochse**
Halle a. S. Nordhausen.

Der Gemeindebetriebe zweiter Band. Achter Teil.
Mit zwei Tafeln.

Im Auftrag des Vereins für Socialpolitik
herausgegeben von
Carl Johannes Fuchs.

Leipzig,
Verlag von Duncker & Humblot.
1910.

Alle Rechte vorbehalten.

Altenburg
Pierersche Hofbuchdruckerei
Stephan Geibel & Co.

Vorwort.

Die Untersuchung der Betriebe der Stadt Halle a. S. wurde auf Veranlassung des Herrn Professor Dr. Heinrich Waentig von Gewerbereferendar Hugo Wasmuht, Gerichtsreferendar Paul Ochse und von Dr. phil. Georg Goldstein durchgeführt. Es stammen die Abschnitte: I. Geschichtlicher Überblick, II. Die Sparkasse, III. Das städtische Leihamt, IV. Der Schlacht- und Viehhof, VIII. Das Stadttheater, XI. Das Eich- und Wageamt, XII. Die Straßenbahnen, XIII. Das Ankündigungswesen von Dr. Goldstein; V. Die Gasanstalt, VI. Das Wasserwerk von Gewerbereferendar Wasmuht; VII. Das Elektrizitätswerk, IX. Das Grundeigentum, X. Das Straßenreinigungswesen von Gerichtsreferendar Ochse.

Für die bereitwillige Unterstützung, welche die Verfasser bei den städtischen Behörden, besonders auch bei dem derzeitigen Direktor des städtischen statistischen Amtes, Herrn Professor Dr. Hesse, gefunden haben, sprechen sie ihren verbindlichsten Dank aus.

Die Verfasser.

Inhalt.

I.	Geschichtlicher Überblick. Von Dr. phil. Georg Goldstein	1
II.	Die Sparkasse. Von demselben. Mit zwei Tafeln	5
III.	Das städtische Leihamt. Von demselben	30
IV.	Der Schlacht- und Viehhof. Von demselben	41
V.	Die Gasanstalt. Von Gewerbereferendar Hugo Wasmuht	50
	1. Geschichte	50
	2. Wirtschaftliche Ergebnisse	51
	3. Schuldentilgung	53
VI.	Das Wasserwerk. Von demselben	57
	1. Geschichte	57
	2. Wirtschaftliche Ergebnisse	59
VII.	Das Elektrizitätswerk. Von Gerichtsreferendar Paul Ochse	66
VIII.	Das Stadttheater. Von Dr. phil. Georg Goldstein	74
IX.	Das Grundeigentum. Von Gerichtsreferendar Paul Ochse	77
X.	Das Straßenreinigungswesen. Von demselben	79
XI.	Das Eich- und Wageamt. Von Dr. phil. Georg Goldstein	82
XII.	Die Straßenbahnen. Von demselben	84
XIII.	Das Ankündigungswesen. Von demselben	86

I.
Geschichtlicher Überblick.

Als Sitz einer alten Universität und der Franckeschen Stiftungen war Halle in der ersten Hälfte des 19. Jahrhunderts vorwiegend bekannt. Beide Anstalten mußten der Stadt den Charakter einer „Schulstadt" umsomehr aufdrücken, als ihre Einwohnerzahl auch für damalige Verhältnisse klein war und in der ersten Hälfte des Jahrhunderts auch nur langsam wuchs. Dann aber änderte sich das Bild. Halle wurde der Mittelpunkt eines ausgedehnten Braunkohlenbergbaues und Zuckerrübenbaues. Es erhielt günstige Eisenbahnverbindungen, und so siedelte sich in der zweiten Hälfte des 19. Jahrhunderts eine Reihe blühender Industrien in Halle an, unter denen die Maschinenindustrie, die Papierherstellung und -verarbeitung, die Zuckerraffinerie und die Stärkefabrikation an erster Stelle zu nennen sind. Ein schnelleres Anwachsen der Bevölkerung etwa von 1860 an war die Folge, und mit Beginn der 90 er Jahre des vorigen Jahrhunderts tritt die Stadt ihrer Bevölkerungszahl nach in die Reihe der Großstädte ein. Die Entwicklung der Bevölkerung wird durch folgende Zahlen gekennzeichnet[1]:

Jahr	1816	1852	1871	1880	1890	1900	1908
Bevölkerung	19 136	35 820	52 620	71 484	101 401	156 609	178 500

Die Struktur der Bevölkerung hat sich mit ihrem Wachstum erheblich geändert. So zahlreich auch heute noch die Menge der Studierenden ist, die Halles blühende Universität und seine anderen zahlreichen Bildungsanstalten in die Mauern der Stadt ziehen, und so markant der Einschlag ist, den das Leben der Stadt in vieler Hinsicht dadurch erfährt, in der Statistik mußte der akademische Charakter der Stadt verschwinden und der industrielle in den Vordergrund treten. Es ist das Bild einer kräftig aufstrebenden Industrie- und Handelsstadt, das uns die Untersuchung über die berufliche Gliederung der Bevölkerung in den letzten Jahrzehnten darbietet. Dementsprechend waren auch die Aufgaben gestaltet, vor die sich die Stadt-

---

[1] Vgl. Beiträge zur Statistik der Stadt Halle a. S., Heft 3, Halle 1908, S. 7.

verwaltung gestellt sah. Es waren alle die Einrichtungen zu schaffen, die
das 19. Jahrhundert im Interesse der Hygiene und der Wohlfahrtspflege
bei dem Zusammenleben großer Bevölkerungsmassen als notwendig erachtete,
und es mußte dies geschehen, ohne daß an die Steuerkraft der Bürgerschaft
zu große Anforderungen gestellt wurden. Halle war und ist keine reiche
Stadt. Die Kriegsstürme im Anfang des 19. Jahrhunderts hatten ihr
finanzielle Lasten auferlegt, unter denen es schwer und nachhaltig zu leiden
hatte. Nur zögernd konnte die Stadt sich auf Unternehmungen einlassen,
deren finanzieller Erfolg ungewiß war. Groß waren daher beispielsweise
die Bedenken, als in den 50er Jahren die Einrichtung eines Leihamtes
notwendig wurde, weil die Beschaffung der Betriebsmittel Schwierigkeiten
machte, so gering die erforderliche Summe auch war. Trotzdem sind wichtige
Unternehmungen der Stadt schon verhältnismäßig zeitig entstanden. Es
wurden gegründet bzw. in Betrieb gesetzt:

das Eichamt in der ersten Hälfte des 19. Jahrhunderts,
die Gasanstalt im Jahre 1853,
das Leihamt im Jahre 1856,
die Sparkasse im Jahre 1857,

Einnahmen der

Jahr	Gesamte ordentliche Einnahmen Mk.	davon aus Steuern, Grundbesitz und Überschüssen städt. Betriebe Mk.	und zwar aus				Es betrugen die Überschüsse bzw. Zuschüsse (—) bei		
			Steuern Mk.	%	Grundbesitz und Überschüssen städt. Betriebe Mk.	%	dem Gaswerk Mk.	dem Wasserwerk Mk.	dem Elektrizitätswerk Mk.
1	2	3	4	4a	5	5a	6	7	8
1860	351 189								
1870/71	1 029 926							5 850	
1885/86	2 404 898	1 404 073	1 058 478	75	345,595	25	153 099	—	
1890/91	3 024 972		1 522 533				239 369		
1895/96	4 316 195	2 726 128	1 996 937	73	729 191	27	287 524	153 892	
1898/99	5 092 784	3 435 698	2 675 485	78	760 213	22	287 625	127 500	—
1899/1900	5 367 749	3 698 819	2 876 571	78	822 248	22	298 500	130 000	—
1900/01	6 126 348	4 252 545	3 305 149	78	947 396	22	338 020	133 250	—
1901/02	6 864 753	4 728 804	3 627 649	77	1 101 155	23	347 069	131 226	— 3 967
1902/03	7 815 171	5 180 184	3 971 246	77	1 208 938	23	358 859	117 000	— 29 722
1903/04	7 303 149	5 454 889	4 285 324	78,5	1 169 565	21,5	320 200	141 681	—
1904/05	7 737 954	5 622 638	4 427 776	79	1 194 862	21	375 800	131 600	—
1905/06	8 336 423	5 921 608	4 530 322	76,5	1 391 286	23,5	433 230	170 900	16 000
1906/07	8 543 602	5 920 528	4 591 756	77,5	1 328 772	22,5	437 670	140 200	34 000
1907/08	9 420 243	6 439 900	4 951 677	77	1 488 223	23	459 572	142 048	110 000

I. Geschichtlicher Überblick.

das Wasserwerk im Jahre 1868,
das Stadttheater im Jahre 1879,
die Straßenbahn im Jahre 1882,
der Schlacht- und Viehhof im Jahre 1893,
das Elektrizitätswerk im Jahre 1901.

Von diesen Unternehmungen ist das Stadttheater an einen Unternehmer verpachtet und ebenso die Straßenbahn, die teilweises Besitztum der Stadt ist. Die übrigen Unternehmungen werden von der Stadt selbst verwaltet. Sie hat dabei nicht umhin können, die Bewirtschaftung und die Gebührenfestsetzung so zu gestalten, daß nicht nur die Unkosten gedeckt werden, sondern daß im allgemeinen auch ein Betriebsgewinn erzielt wurde, der in die Kämmereikasse fließt. Die Stadt konnte umsoweniger hierauf verzichten, als ihre wichtigste Einnahmequelle, die Gemeindesteuern, ohnehin bereits stark beansprucht wird. Der Zuschlag zur Staatseinkommensteuer wurde bereits im Jahre 1896 von 100 auf 120 % heraufgesetzt und ist seither bis auf 142 % im Jahre 1908 gestiegen. In der folgenden Tabelle wird ein Überblick über die Entwicklung der Gemeindefinanzen geboten.

Stadt Halle.

	Es betrugen die Überschüsse bzw. Zuschüsse (—) bei								Summe von Spalte 6—16
dem Eich- u. Wageamt Mk.	der Sparkasse Mk.	dem Leihamt Mk.	dem Schlachthof Mk.	dem Viehhof Mk.	dem Stadttheater Mk.	den Straßenbahnen Mk.	dem Grundeigentum Mk.		Mk.
9	10	11	12	13	14	15	16		17
237	243								
108	—								
1 200	70 000				— 4 166		—		
3 000	50 000	8340	—		— 21 671		103 984		324 117
1 000	98 595		—	— 58 897	— 30 931	2 845	243 774		697 802
—	100 000	—	—	— 25 580	— 10 775	5 578	227 787		712 135
2 500	112 390			— 25 473	— 14 852	7 158	236 540		746 763
3 000	110 000	—	34 872	— 15 960	— 12 017	13 888	280 096		886 149
3 000	135 000	—	52 482	— 17 023	— 4 817	18 309	358 227		1 019 506
6 500	157 000	2653	52 719	— 12 354	— 15 985	12 437	478 139		1 127 246
4 500	184 216	1490	52 769	— 13 494	— 17 334	14 372	390 862		1 079 262
4 500	177 227	1013	52 769	— 12 353	— 21 964	19 773	400 469		1 128 834
4 000	185 296	2135	52 769	— 10 835	— 21 736	25 126	475 664		1 332 546
8 000	202 908	3974	52 769	— 9 824	— 30 251	33 239	404 821		1 277 506
13 303	211 165	3265	52 769	— 3 064	— 47 002	27 964	425 899		1 395 919

1*

Von wenig über 1 Million Mark im Etatsjahre 1870/71 sind die gesamten ordentlichen Einnahmen, wie Spalte 2 zeigt, auf nahezu 9½ Millionen Mark im Jahre 1907/08 gestiegen, wovon nahezu 15 % durch die Summe der Überschüsse aus den städtischen Betrieben und dem Grundbesitz gedeckt wurden. In der Gesamtsumme der Einnahmen ist jedoch eine Reihe von Posten enthalten, über die nicht frei verfügt werden kann, sondern deren Verwendung direkt oder indirekt vorgeschrieben ist, wie z. B. die von den Gemeindeanstalten an die Kämmerei abgeführten Tilgungsquoten, die Schulgelder und dergl. Es ist nicht möglich, alle diese Posten im einzelnen auszuscheiden. In der Hauptsache setzen sich jedoch die für die Stadt frei verfügbaren Einnahmen aus den Gemeindeabgaben, aus den Einnahmen aus Grundbesitz, sowie aus den aus den städtischen Betrieben stammenden Überschüssen zusammen. Diese Posten sind in Spalte 3 zusammengefaßt worden. Die Spalten 4 und 5 enthalten die Einnahmen aus Steuern sowie aus Grundbesitz und den städtischen Betrieben getrennt. Das Verhältnis zwischen diesen beiden Summanden betrug im Jahre 1895/96 noch 73 : 27. Es hat sich dann auf 78 : 22 verschoben, hat 1904/05 79 : 21 betragen und stellte sich im Jahre 1907/08 auf 77 : 23, so daß also in den letzten 10 Jahren eine bemerkenswerte Konstanz in dem Verhältnis dieser beiden wichtigen Einnahmequellen der Stadt festzustellen ist. Die außerordentliche Wichtigkeit der städtischen Betriebe für den Haushalt der Stadt ist auch ziffernmäßig deutlich zu erkennen. Die Tabelle enthält weiter eine Zusammenstellung der Betriebsergebnisse der einzelnen Werke, auf die in diesem Zusammenhange nicht näher einzugehen ist. Spalte 17 gibt endlich die Summe der an die Stadthauptkasse abgeführten Überschüsse, abzüglich der von einzelnen Werken erforderten Zuschüsse. Seit 1895/96 ist diese Summe von nahezu 700 000 Mk. auf nahezu 1 400 000 Mk. gestiegen, hat sich also annähernd verdoppelt.

II.
Die Sparkasse.

Als Vorläufer der städtischen Sparkasse ist die „Hallesche Spar= kassengesellschaft" zu nennen, die im Jahre 1819 von 17 angesehenen Bürgern gegründet wurde, um unbemittelten Einwohnern der Stadt Gelegenheit zu geben, ihre kleinen Ersparnisse zinsbar und sicher unterzubringen und ihnen dadurch behilflich zu sein, sich ein Kapital bei Verheiratungen, beim Beginn eines Gewerbes, im Alter oder in Notfällen zu sammeln. Zur Sicherung der Einlagen hatten sich die Gründer durch eine auf dem Rathause nieder= gelegte Urkunde bis zu einer Summe von 5000 Talern gemeinschaftlich verbürgt. Den Sparern wurden Schuldscheine ausgestellt, die bis 1832 auf den Inhaber, von da ab zufolge gesetzlicher Bestimmung auf den Namen des Einlegers ausgestellt wurden. Die Oberleitung der Geschäfte führten ehrenamtlich ein Direktor und zwei Vorsteher, als die zunächst der Staatsrat von Jacob, Stadtrat Lehmann und der Oberbergrat Meschker fungierten. Die laufenden Kassengeschäfte wurden von einem Rendanten erledigt. Die Erwartungen der Gründer wurden nicht getäuscht. Die Einlagen nahmen ständig zu und obwohl im Jahre 1825 der Zinsfuß von 4 auf $3^{1}/_{2}$ % herabgesetzt wurde, erzielte die Gesellschaft doch ansehnliche Überschüsse, die in anerkennenswerter Weise zur Unterstützung gemeinnütziger Anstalten und zu anderen wohltätigen Zwecken verwendet wurden. Mit Ende des Jahres 1859 ging die Gesellschaft in der inzwischen gegründeten städtischen Spar= kasse auf.

Außer der „Halleschen Sparkassengesellschaft" bestand in Halle noch seit dem 1. Januar 1846 die Sparkasse des Saalkreises, so daß für das Sparbedürfnis der Halleschen Bürgerschaft bereits in ausgiebiger Weise gesorgt war. Nichtsdestoweniger hatten die städtischen Behörden die Er= richtung einer eigenen Sparkasse im Jahre 1855 beschlossen; am 1. Mai 1857 wurde diese dem Verkehr geöffnet.

Für die Sicherheit der Einlagen haftete die Stadtgemeinde mit ihrem gesamten Kämmereivermögen. Der Geschäftsgang wurde durch ein Statut vom 28. November 1857 geregelt, das den geänderten Anforderungen entsprechend in den Jahren 1874, 1882, 1887, 1891, 1898 durch Nachträge ergänzt wurde. Am 15. Dezember 1905 wurde endlich eine neue Satzung erlassen, die am 1. April 1906 in Kraft trat. Der für die juristische Stellung der Sparkasse bezeichnende § 3 lautet: „Die Sparkasse ist eine öffentliche Gemeindeanstalt. Ihre Bestände dürfen nicht mit anderen Beständen vermischt werden. Für ihre Verpflichtungen haftet, wenn jemals ihr eigenes Vermögen nicht ausreichen sollte, die Stadtgemeinde Halle a. S."

Die Verwaltung wurde einem Direktorium — jetzt Vorstand genannt — übertragen; derselbe bestand zuerst aus einem, dann aus zwei Magistratsmitgliedern, die Vorsitzender bezw. stellvertretender Vorsitzender sind, und aus vier stimmfähigen Bürgern, von denen drei Stadtverordnete sein müssen, als Beisitzern. Die Magistratsmitglieder werden vom Oberbürgermeister ernannt, die übrigen Mitglieder von der Stadtverordnetenversammlung auf sechs Kalenderjahre gewählt. Dieser Vorstand vertritt die Sparkasse bei allen gerichtlichen und außergerichtlichen Geschäften; alle Urkunden, mit Ausnahme der Sparbücher, müssen von einem der Vorsitzenden und einem Beisitzer vollzogen werden. Die Kassengeschäfte und die sonstige ausführende Geschäftstätigkeit werden von städtischen Beamten — gegenwärtig 20 — unter Leitung eines Rendanten besorgt. Regelmäßige Prüfungen des Geschäftsbetriebes erfolgen außer durch den Vorstand noch durch den Verbandsrevisor des deutschen Sparkassenverbandes, dem die Kasse seit 1884 angehört. Vom 4. Juli 1902 bis 1. April 1906 wurden von der Sparkasse auch die Geschäfte eines aus Ladeninhabern und anderen Gewerbetreibenden bestehenden Rabattsparvereins mitgeführt.

Im Jahre 1882 wurde im Zentrum der Stadt ein eigenes Geschäftsgebäude errichtet, 1907 eine Zweigstelle in dem hauptsächlich von Industriearbeitern bewohnten Süden der Stadt eingerichtet, 1908 eine zweite im Norden der Stadt. Von der dem Vorstand zustehenden Ermächtigung zur Errichtung von Sammelstellen ist bisher kein Gebrauch gemacht worden, dagegen haben 33 Kaufleute, das Kgl. Eisenbahnbetriebsamt und der Lehrer eines benachbarten Dorfes den Verkauf von Sparmarken für die 1882 gegründete Pfennig=Sparkasse übernommen.

Der Verkehr mit den Sparern hatte sich zunächst dadurch recht schwerfällig gestaltet, daß nicht nur jede Einzahlung auf dem Konto des Sparers und in seinem Sparkassenbuch vermerkt, sondern daß darüber auch ein Schein ausgestellt werden mußte, der bei Rückzahlung des deponierten Betrages wieder zurückzugeben war. Über die am 31. Dezember 1859 von der Sparkassengesellschaft übernommenen Einlagen in Höhe von 222 079 Taler be=

standen überhaupt keine Bücher und Konten, sondern nur Scheine, deren Zahl sich nur sehr allmählich verminderte. Dadurch kam es, daß der Sparkassenverkehr sich zu einem sehr erheblichen Teil nur auf Scheine stützte. Durch das Statut von 1874 wurde die Ausfertigung von Scheinen beseitigt, der Verkehr also lediglich auf die Sparbücher und die daneben zur Kontrolle geführten Konten gegründet. Eine weitere Vereinfachung des Geschäftsverkehrs ist 1908 durch die nach dem Vorbild anderer Sparkassen geschehene Einführung der „losen Konten" ermöglicht worden.

Die Bestimmungen über den Beginn der Verzinsung der Einlagen und über ihre Rückzahlung haben mehrfache Veränderungen zu Gunsten der Sparer erfahren.

Die Sparkassengesellschaft berechnete die Zinsen vom ersten Tage des auf die Einzahlung folgenden bis zum letzten Tage des der Rückzahlung vorhergehenden Monats. Die Auszahlung der Zinsen geschah in halbjährlichen Terminen, am 2. Januar und 1. Juli jeden Jahres, nicht erhobene Zinsen wurden dem Kapital zugerechnet. In gleicher Weise verfuhr zunächst die städtische Sparkasse bis 1875. Von da an wurden die Zinsen vom Tage nach der Einzahlung ab bis zum Rückzahlungstage einschließlich berechnet und in den Monaten Februar und Januar an die Sparer ausgezahlt. Nicht erhobene Zinsen wurden Ende Februar dem Kapital zugeschrieben und die auf 5 Mk. abgerundeten Beträge schon vom 1. Januar desselben Jahres an mit verzinst. Die Rückzahlung der Einlagen geschah bei der Sparkassengesellschaft nach achttägiger Kündigung. Die städtische Sparkasse hatte für Beträge bis 300 Mk. einmonatliche, für höhere Beträge dreimonatliche Kündigung eingeführt. Nach dem Statut von 1905 erfolgt die Rückzahlung bis zu 100 Mk. ohne Kündigung, bei höheren Beträgen dagegen in der Regel nur auf Kündigung, und zwar

bis zu 500 Mk. mit 14 tägiger,
„ „ 1000 „ „ einmonatlicher,
„ „ 5000 „ „ dreimonatlicher,
darüber hinaus „ sechsmonatlicher Frist.

Bei eintretender Kriegsgefahr oder wenn der Lombardzinsfuß der Reichsbank 6 % übersteigt, kann der Vorstand mit Genehmigung der beiden städtischen Körperschaften für alle Rückzahlungen bis 100 Mk. eine einmonatige, für dergleichen bis 500 Mk. eine sechsmonatige, für sämtliche größere Rückzahlungen eine zwölfmonatige Kündigungsfrist zeitweise vorschreiben mit der Maßgabe, daß, wer einen Betrag gekündigt hat, erst nach Verlauf von einem Monat zu neuer Kündigung berechtigt ist.

Der Vorstand seinerseits ist ebenfalls berechtigt, Guthaben mit dreimonatiger Frist zu kündigen. Ist die schriftliche Benachrichtigung des Sparers unmöglich, so erfolgt die Kündigung durch dreimalige öffentliche Bekanntmachung mit mindestens vierwöchigen Zwischenräumen.

Mit Beginn des Jahres 1908 wurde die Übertragbarkeit der Sparkassenguthaben ohne Zinsverlust auf auswärtige öffentliche Sparkassen eingeführt.

Der **Zinssatz** betrug bei der Sparkassengesellschaft für Einlagen von 1 bis 24 Taler $4^{1}/_{6}$ %, für größere Einlagen 4 %. Die städtische Sparkasse gewährte zunächst für Einlagen unter einem Taler keine Zinsen, für alle anderen Einlagen nur $3^{1}/_{3}$ % (1 Sgr. für 1 T.). Das Statut von 1875, das als Rechnungseinheit die Mark festsetzte, setzte den Zinsfuß für alle Einlagen auf 3 % herab. In dieser Höhe ist er seither unverändert beibehalten worden.

Die Entwicklung des Sparkassenverkehrs ist in Tabelle 1 wiedergegeben. Die Einzahlungen setzten schon in den ersten Jahren des Bestehens kräftig ein und sind seither bis zu 16,3 Millionen im Jahre 1907 angewachsen. In acht Jahren[1] traten Rückschläge ein, das erste Mal erst in dem Kriegsjahre 1870, dann in den Depressionsjahren 1876 und 1878, dann 1888 und 1891 und endlich in verhältnismäßig kurzen Zwischenräumen in den Jahren 1897, 1900 und 1906. In ähnlicher Weise haben sich die Rückzahlungen entwickelt. Sie übertrafen die Einzahlungen nur dreimal: in den beiden Kriegsjahren 1866 und 1870 und bemerkenswerter Weise auch in dem letzten Berichtsjahr 1907. Die absolute Höhe der Ein- und Rückzahlungen mußte jedoch naturgemäß mit dem Anwachsen der Bewohnerzahl Halles steigen, das in den letzten Jahrzehnten die Entwicklung von der Mittelstadt zur Großstadt mit lebhafter Industrie durchgemacht hat. Um ein Bild der Veränderungen in der Spartätigkeit zu gewinnen, mußten daher auch die Einwohnerzahlen in Betracht gezogen werden. Dabei zeigt sich (Tabelle 2), daß die Benutzung der Sparkasse durch die Einwohnerschaft fast ständig allgemeiner geworden ist. Während in Mitte der siebziger Jahre ein Sparkassenbuch auf durchschnittlich 6,1 Einwohner entfiel, kommt gegenwärtig ein Sparbuch schon auf 2,1 Einwohner. Die kleine Erhöhung der Benutzungsziffer im Jahre 1900 findet ihre Erklärung in der in diesem Jahre erfolgten Einverleibung einiger stark bevölkerter Vororte. Bei diesen Zahlen, wie ebenso bei den später folgenden, bei denen die Bevölkerung mit in Betracht gezogen wurde, darf allerdings nicht übersehen werden, daß der Kreis der Einleger sich nicht nur aus Halle, sondern auch aus der engeren

---

[1] Abgesehen von 1860, das hier aber nicht mitzurechnen ist, weil die ungewöhnlich starke Einzahlung von 1859 das Ergebnis der Übernahme der Guthaben der Sparkassengesellschaft ist.

II. Die Sparkasse.

und weiteren Umgebung rekrutiert, daß andererseits aber auch zahlreiche Hallesche Sparer ihre Einlagen nicht der städtischen Sparkasse, sondern der schon 1846 gegründeten Sparkasse des Saalkreises anvertraut haben. Die aus den beiden Fehlerquellen resultierenden Ungenauigkeiten heben sich zum Teil auf und beeinträchtigen die zeitliche Vergleichbarkeit der Benutzungsziffern nur wenig, da sich in der wechselseitigen Benutzung der beiden Sparkassen durch die Bevölkerung Halles bezw. seiner Umgebung seit 1875 kaum erhebliche Veränderungen ergeben haben dürften. Dasselbe gilt für die geringen Abweichungen, die dadurch entstehen, daß ein Teil der Sparer mehrere Sparbücher besitzen, und daß auch Vereine und andere nichtphysische Personen als Sparer auftreten.

Die Reduktion des gesamten Sparerguthabens auf den Kopf der Bevölkerung konnte bis 1857 zurückgeführt werden (Tabelle 2, Sp. 4). Im Vergleich zu 1860, dem Jahre, in welchem die Konkurrenz der Halleschen Sparkassengesellschaft durch die Überweisung ihrer Bestände an die städtische Sparkasse aufhörte, sind die Beträge in den letzten Jahren mit mehr als 260 Mk. rund elfmal so groß gewesen als in genanntem Jahre. Die wiederholt aufgetretenen Rückschläge sind zum größeren Teil auf das ruckweise, durch Zuwanderungen veranlaßte Emporschnellen der Bevölkerungsziffer zurückzuführen und lassen daher keine Rückschlüsse auf die wirtschaftliche Lage der Bevölkerung zu. Einen Einblick in die eigentliche Spartätigkeit der Bevölkerung zu geben, sind diese Zahlen überhaupt nicht geeignet, weil der jährliche Bevölkerungszuwachs in der Regel aus Personen ohne Sparkassenguthaben besteht. Der Divisor des Bruches Guthaben : Bevölkerung wird also vergrößert, ohne daß eine entsprechende Vergrößerung des Dividendus eintritt, der Quotient wird demgemäß verkleinert. Bei gleichbleibender Spartätigkeit des konstanten Bevölkerungsteiles mußte der Sparzuwachs pro Kopf der Bevölkerung daher scheinbar abnehmen und auch eine erhöhte Spartätigkeit könnte stets nur abgeschwächt in Erscheinung treten.[1] Um

---

[1] Zur weiteren Verdeutlichung des Gesagten diene folgendes Beispiel: Ein Anfangsguthaben von 100 000 Mk. wachse in zwei aufeinander folgenden Jahren von 100 000 auf 105 000 und 110 000 Mk., die dazu gehörige Bevölkerungsmasse von 1000 auf 1050 bzw. 1100. Dann ist:

das Guthaben pro Kopf

Anfang des 1. Jahres $\frac{100\,000}{1000} = 100$ Mk.

Ende des 1. Jahres $\frac{105\,000}{1050} = 100$ Mk.

Ende des 2. Jahres $\frac{110\,000}{1100} = 100$ Mk.

die wirkliche Spartätigkeit pro Kopf der Bevölkerung

im 1. Jahre $\frac{5000}{1050} = 4{,}77$ Mk.

im 2. Jahre $\frac{5000}{1100} = 4{,}55$ Mk.

Tabelle 1. **Geschäftsverkehr der Sparkasse.**

Jahr	Einzahlungen Posten	Einzahlungen Betrag Gesamt Mk.	Einzahlungen Betrag durchschn. Mk.	Gutgeschriebene Zinsen Mk.	Rückzahlungen Posten	Rückzahlungen Betrag Gesamt Mk.	Rückzahlungen Betrag durchschn. Mk.	Guthaben der Sparer Mk.	Ausgezahlte Zinsen Mk.	Sparkassenbücher ausgegeben Stück	Sparkassenbücher zurückgegeben Stück	Sparkassenbücher im Umlauf Stück	Durchschn. Guthaben pro Sparkassenbuch Mk.
1	2	3	4	5	6	7	8	9	10	11	12	13	14
1857		79 280		—		16 982		62 298	296			289	215,6
1858		183 018		255		107 321		138 250	824			624	221,6
1859		210 522		1 128		157 037		192 863	1 898			853	226,9
1860		1 158 443		1 558		403 417		949 446	19 461			2 648	358,6
1861		572 451		3 912		410 910	100,0	1 114 900	21 483			2 927	380,9
1862	6 550	660 624	100,9	6 759	5 186	518 374	101,7	1 263 908	28 363			3 378	374,2
1863	7 066	681 852	96,5	10 003	6 251	635 894	106,9	1 319 870	29 345			3 719	354,9
1864	6 958	728 574	104,7	12 596	5 767	616 593	107,7	1 444 447	30 340			4 130	349,7
1865	7 841	871 881	111,2	14 496	6 718	723 645	113,7	1 607 178	34 182			4 463	360,1
1866	6 722	881 298	131,1	16 290	8 212	933 977	121,3	1 570 789	31 425			4 261	368,6
1867	7 418	889 380	119,9	17 604	7 084	859 264	112,6	1 618 509	34 976			4 510	358,9
1868	8 659	969 675	111,9	17 591	7 091	798 595	113,0	1 807 180	35 680			5 313	340,1
1869	9 199	975 369	106,0	21 132	6 975	787 982	110,4	2 015 699	38 217			6 197	325,3
1870	8 955	886 137	99,0	24 869	8 082	892 493	102,3	2 034 212	38 947			7 010	290,2
1871	11 279	1 059 213	93,9	27 273	8 501	869 628	111,0	2 251 070	40 583			7 449	302,2
1872	14 441	1 394 151	96,5	30 322	10 396	1 153 606	102,0	2 521 937	46 028			8 327	302,9
1873	17 820	1 721 076	96,6	33 719	11 927	1 216 168	105,6	3 060 564	46 867			9 991	306,3
1874	18 691	1 950 016	104,3	43 410	14 394	1 520 656		3 533 334	59 699			10 674	331,0
1875				76 886		1 515 350		3 561 667	83 556			9 349	380,9
1876		1 890 728		22 491		1 682 926		3 959 536	92 090	2 614	1 753	10 210	387,8
1877		1 902 801		16 625		1 683 212		4 196 036	107 663	2 203	1 894	10 519	398,9
1878		1 841 184		9 713		1 832 595		4 363 722	120 594	2 160	1 519	11 160	391,0
1879		2 282 936		32 758		2 109 071		4 846 821	110 994	2 509	1 725	11 944	405,8
1880	20 359	2 411 469		28 967		2 287 529		5 178 186	127 383	2 612	1 839	12 717	407,2
1881		2 755 274	135,3	46 776	12 838		178,2	5 692 706	120 921	3 002	1 929	13 790	412,8

II. Die Sparkasse.

Jahr	Einzahlungen			Gutge-schriebene Zinsen Mk.	Rückzahlungen			Guthaben der Sparer Mk.	Ausge-zahlte Zinsen Mk.	Sparkassenbücher			Durchschn. Guthaben pro Sparkassenbuch Mk.
	Posten	Betrag			Posten	Betrag				aus-gegeben Stück	zurück-gegeben Stück	im Umlauf Stück	
		Gesamt Mk.	durchschn. Mk.			Gesamt Mk.	durchschn. Mk.						
1	2	3	4	5	6	7	8	9	10	11	12	13	14
1882	23 410	3 062 760	130,8	57 428	13 149	2 454 209	186,7	6 538 685	133 389	3 413	1 923	15 280	416,1
1883	27 920	3 511 916	125,8	64 541	14 667	2 893 598	197,3	7 041 545	144 088	4 409	2 302	17 387	405,0
1884	32 025	3 745 614	117,0	69 427	16 426	3 123 378	190,1	7 733 208	154 625	4 410	2 462	19 335	400,0
1885	34 520	4 303 599	124,7	239 562	18 186	3 333 597	183,3	8 942 772	12 320	4 691	2 599	21 427	417,4
1886	38 966	5 036 868	156,3	275 965	22 978	4 640 597	202,0	10 665 007	17 915	5 646	3 247	23 826	447,7
1887	42 421	6 242 239	147,1	319 723	23 900	5 440 803	227,6	11 788 166	20 337	5 860	3 312	26 374	446,9
1888	44 263	6 207 941	140,2	353 370	26 309	5 220 646	198,4	13 126 831	20 446	6 047	3 487	28 934	453,7
1889	47 787	7 018 922	158,6	395 627	29 494	5 831 129	197,7	14 710 252	20 713	6 387	3 842	31 479	467,3
1890	52 436	7 161 322	136,6	424 068	32 742	6 811 193	208,1	15 484 449	27 871	6 935	4 275	34 139	453,6
1891	50 564	6 737 967	133,3	446 516	36 270	6 576 206	181,3	16 092 726	26 250	6 773	4 767	36 145	445,3
1892	50 512	6 987 916	138,3	472 868	34 523	6 486 761	187,9	17 066 150	25 355	6 531	4 817	37 859	450,8
1893	52 402	7 177 947	137,0	501 890	38 195	6 626 136	173,5	18 119 851	23 369	6 989	4 782	40 066	452,2
1894	57 921	8 514 613	147,0	533 220	38 916	7 747 675	199,1	19 420 008	34 934	7 517	4 794	42 789	453,9
1895	63 666	9 002 866	141,4	592 772	41 812	7 081 647	169,4	21 933 999	26 878	8 291	5 065	46 015	476,7
1896	71 317	9 780 815	137,1	660 017	43 379	8 495 976	195,9	23 878 855	30 689	8 777	5 151	49 641	481,0
1897	72 887	9 325 053	127,9	717 927	47 081	8 126 056	172,6	25 795 780	27 081	8 916	5 547	53 010	486,6
1898	78 418	10 307 258	131,4	776 645	51 022	8 873 896	173,9	28 005 790	29 098	9 058	5 642	56 426	496,3
1899	86 146	11 070 875	127,8	836 333	52 721	9 787 368	185,6	30 125 631	33 210	9 407	5 892	59 941	502,6
1900	88 231	10 821 663	122,7	881 693	57 734	10 448 541	181,0	31 380 446	33 133	9 223	6 302	62 862	499,2
1901	90 346	12 166 811	134,7	929 322	62 996	10 627 213	168,7	33 849 365	35 303	9 330	6 284	65 908	513,6
1902	92 100	13 175 613	143,1	1 011 863	69 227	11 530 677	166,5	36 506 164	35 659	9 601	6 547	68 962	529,3
1903	101 631	14 856 033	146,2	1 097 519	70 196	12 803 111	182,4	39 656 605	38 667	10 663	6 956	72 669	545,7
1904	108 005	14 993 082	138,9	1 181 164	72 323	13 599 759	188,0	42 231 093	39 968	10 336	6 823	76 182	554,3
1905	110 811	16 304 607	147,1	1 258 505	78 944	14 948 138	189,3	44 826 066	39 865	10 396	7 056	79 522	563,9
1906	115 995	16 107 681	138,9	1 317 898	79 576	15 563 082	195,6	46 708 563	39 865	10 528	7 502	82 548	565,8
1907	122 446	16 326 687	133,3	1 324 886	87 621	17 534 319	200,1	46 825 817	45 993	13 246	10 582	85 212	549,5

Tabelle 2. **Geschäftsverkehr bezogen auf die Einwohnerzahlen.**

Jahr	Ein= wohner	1 Sparbuch entfiel auf ... Ein= wohner	Guthaben	Einzahlungen	Rückzahlungen	Differenz zwischen Sp. 5 u. 6
				pro Kopf der Bevölkerung		
			Mk.	Mk.	Mk.	Mk.
1	2	3	4	5	6	7
1857	37 862		1,6	2,1	0,5	1,6
1858	38 289		3,6	4,8	2,8	2,0
1859	39 294		4,9	5,4	4,0	1,4
1860	40 300		23,5	(28,7	10,0	18,7)
1861	41 507		26,8	13,8	9,9	3,9
1862	42 912		29,4	15,4	12,1	3,3
1863	44 317		29,7	15,4	14,4	1,0
1864	45 729		31,6	16,0	13,5	2,5
1865	47 443		33,9	18,4	15,3	3,1
1866	48 157		32,7	18,3	19,4	— 1,1
1867	50 871		31,8	17,5	16,9	0,6
1868	51 313		35,2	18,9	15,6	3,3
1869	51 755		38,9	18,8	15,2	3,6
1870	52 197		39,0	17,0	17,1	— 0,1
1871	52 639		42,7	20,2	16,5	3,7
1872	54 755		46,2	25,5	21,1	4,4
1873	56 872		53,8	30,3	21,4	8,9
1874	58 988		59,8	33,1	25,8	7,3
1875	61 105		58,2	—	—	—
1876	62 450	6,1	63,4	30,3	24,3	6,0
1877	63 795	6,1	65,7	29,8	26,4	3,4
1878	65 140	5,8	66,8	28,3	25,9	2,4
1879	66 140	5,5	73,2	34,6	27,7	6,9
1880	71 679	5,6	72,2	33,6	29,4	4,2
1881	73 622	5,3	77,3	37,4	31,1	6,3
1882	75 330	4,9	84,4	40,7	32,6	8,1
1883	77 247	4,4	91,2	45,5	37,5	8,0
1884	80 255	4,1	96,4	46,7	38,9	7,8
1885	82 159	3,8	108,8	52,4	40,6	11,8
1886	84 166	3,5	126,7	72,3	55,1	17,2
1887	86 967	3,3	135,6	71,8	62,8	9,0
1888	90 160	3,1	145,6	68,8	57,9	10,9
1889	93 694	3,0	157,0	74,9	62,2	12,7
1890	101 605	3,0	152,4	70,5	67,0	3,5
1891	109 370	3,0	147,1	61,6	60,1	1,5
1892	112 087	3,0	152,3	62,3	57,9	4,4
1893	113 275	2,8	159,9	63,4	58,5	4,9
1894	112 840	2,6	172,1	75,4	68,7	6,7
1895	116 283	2,5	188,6	77,4	60,9	16,5
1896	120 013	2,4	198,9	81,5	70,8	10,7
1897	123 573	2,3	208,8	75,5	65,8	9,7
1898	126 530	2,2	221,4	81,5	70,1	11,4
1899	129 866	2,2	232,0	85,2	75,4	9,8
1900	156 636	2,5	200,3	69,1	66,7	2,4
1901	158 209	2,4	213,9	76,9	67,2	9,7
1902	159 192	2,3	229,3	82,8	72,4	10,4
1903	161 466	2,2	245,6	92,0	79,3	12,7
1904	166 260	2,2	254,0	90,2	81,8	8,4
1905	170 112	2,1	263,6	95,8	87,9	7,9
1906	174 123	2,1	268,3	92,5	89,4	3,1
1907	177 971	2,1	263,1	91,7	98,5	— 6,8

daher einen Anhalt für die Beurteilung der Spartätigkeit zu gewinnen, wurden in Tabelle 2 die jährlichen Ein- und Auszahlungen auf den Kopf der Bevölkerung bezogen und von beiden Resultaten die Differenz gezogen, die demnach angibt, welche Summen jährlich im Durchschnitt von jedem Einwohner bei der städtischen Sparkasse deponiert wurden[1]. Die Schwankungen sind außerordentlich heftig und in Tabelle 3 auch graphisch veranschaulicht. Negative Resultate, d. h. Abhebungen müssen sich in den bereits angeführten Jahren ergeben, in denen die Rückzahlungen die Einzahlungen übertrafen. Die Kurve erreichte ihr größtes Maximum mit 17,2 Mk. im Jahre 1886, ihr größtes Minimum mit — 6,8 Mk. im Jahre 1907. Bei der Berechnung für größere Perioden ergibt sich:

Jahr:	1857—67	1868—77	1878—87	1888—97	1898—1907
Rücklage pro Kopf der Bevölkerung . . .	1,83	4,5	8,17	8,15	6,90

Das Ergebnis der ersten Periode wird noch durch die Konkurrenz der Sparkassengesellschaft beeinträchtigt, in die zweite Periode fällt die schwere, langanhaltende Depression der siebziger Jahre. Um so beachtenswerter ist das verhältnismäßig ungünstige Ergebnis der letzten Periode, welche die glänzenden Hochkonjunkturjahre 1898—1900 mit umfaßt und trotzdem eine durchschnittlich geringere Spartätigkeit aufzuweisen hat, als die beiden Perioden 1878—1887 und 1888—1897. Der Grund für diese Erscheinung darf weniger in der wirtschaftlichen Lage der Bevölkerung gesucht werden, die auch in den Jahren mit besonders geringen Rücklagen (1900, 1906, 1907) im allgemeinen als günstiger als in der Periode 1877—1897 angesehen werden kann, als vielmehr darin, daß Bevölkerungskreise, die früher ständige Kunden der Sparkasse waren, sich mehr und mehr daran gewöhnt haben, ihre Ersparnisse oder zeitweilig überschüssigen Gelder gänzlich oder doch wenigstens zeitweise auf andere Weise zu verwerten, und die Sparkasse nur noch in Anspruch nehmen, wenn die anderweitige Anlage ihnen keine erheblichen Vorteile bietet. Man wird also hohe Rücklagen in Zeiten niedrigen Bankdiskonts, niedrige Rücklagen umgekehrt in solchen hohen Bankdiskonts zu erwarten haben. Diese Annahme wird durch Tabelle 3 im allgemeinen bestätigt. In den Jahren 1890, 1900, 1906 und 1907, in denen der Diskont auf 4,52, 5,33, 5,15 und 6,03 % gestiegen war, betrugen die Rücklagen nur 3,5 bzw. 2,4 bzw. 3,1 bzw. — 6,1 Mk., in den Jahren 1886, 1889, 1895 und 1902, in denen der Diskont auf 3,28,

---

[1] Eine Division der Differenzen zwischen den Jahresguthaben würde ein falsches Bild geben, da in diesen Summen auch die gutgeschriebenen Zinsen enthalten sind.

3,68, 3,14 und 3,32 % herabgegangen war, hoben sich die Rücklagen auf 17,2 bezw. 12,7 bzw. 16,5 bzw. 10,4 Mk.

Der Zusammenhang zwischen Diskont und der Inanspruchnahme der Sparkasse wird auch durch eine Berechnung der durchschnittlichen Höhe der Spareinlagen bestätigt, deren Ergebnisse gleichfalls in den Tabellen 1 (Spalte 4) und 3 wiedergegeben sind. Es zeigt sich — und zwar besonders deutlich seit 1900 —, daß die Bewegungen des Diskonts in der Regel von in umgekehrter Richtung verlaufenden Bewegungen der Durchschnittshöhe der Spareinlagen begleitet sind, weil jede wesentliche Erhöhung des Diskonts die größeren und mittleren Einleger veranlaßt, ihr Geld bei Banken anzulegen, die ihnen eine bessere Verzinsung gewähren.

Tabelle 1 enthält ferner die auf ein Sparkassenbuch durchschnittlich entfallende Sparsumme, die gegenwärtig rund 550 Mk. beträgt, gegen 358 Mk. nach Einverleibung der Sparkassengesellschaft. In diesen Zahlen sind — was nicht übersehen werden darf — auch die zugeschriebenen Zinsen enthalten. Zum Vergleich seien die entsprechenden Zahlen der Sparkasse des Saalkreises angeführt. Bei dieser betrugen die durchschnittlichen Sparguthaben:

im Jahre	1895	1896	1897	1898	1899	1900	1901	1902	1903	1904	1905
Mk.	782	784	774	761	750	732	735	743	756	770	784

Die Konten sind demnach um rund 15 % größer als bei der städtischen Sparkasse.

Aus den jeweiligen Verschiedenheiten in der Höhe der Sparguthaben pro Sparkassenbuch darf aus denselben Gründen nicht auf die Spartätigkeit der Sparer geschlossen werden, die oben bei Besprechung der auf den Kopf der Bevölkerung durchschnittlich entfallenden Sparsumme angegeben wurden. In diese gewährt nachstehende Übersicht einen Einblick. Es betrugen im Durchschnitt:

in den Jahren	die auf ein Sparbuch jährlich entfallenden		die Differenz zwischen ihnen (= jährl. Rücklagen pro Sparbuch)
	Einzahlungen	Rückzahlungen	
1876—1885	192,7	159,4	33,3
1886—1895	204,6	179,7	24,9
1896—1907	190,9	175,1	15,8

Das Anwachsen der Rückzahlungen, während die Einzahlungen in der Periode 1896—1907 gegen 1876—1885 nahezu gleich geblieben sind, bestätigt die Annahme, daß die Sparkasse jetzt mehr als früher zu vorübergehenden bankmäßigen Deponierungen von zeitweilig entbehrlichen Geldern benutzt wird, bei denen ein eigentliches Sparen nicht beabsichtigt ist.

II. Die Sparkasse.

Infolgedessen ist auch der durchschnittliche Spareffekt gegen 1876—1885 um mehr als die Hälfte kleiner geworden. Daß dieses Resultat nicht etwa auf ein stärkeres Überwiegen der kleineren Einleger zurückzuführen ist, geht daraus hervor, daß deren prozentualer Anteil an der Zusammensetzung der Sparkundschaft seit Anfang der achtziger Jahre nahezu der gleiche geblieben ist. Auf je 100 Konten entfielen nämlich:

Im Jahre:	1882	1883	1884	1885	1886	1887	1888
Konten mit einem Guthaben bis 150 Mk.	48	51	52	53	53	52	54
„ über 150 Mk. bis 600 Mk.	33	30	30	28	27	27	26
„ „ 600 Mk.	19	19	18	19	20	21	20

Im Jahre:	1889	1890	1891	1892	1893	1894	1895
Konten mit einem Guthaben bis 150 Mk.	52	54	54	55	55	55	55
„ über 150 Mk. bis 600 Mk.	27	26	27	25	26	25	25
„ „ 600 Mk.	21	20	19	20	19	20	20

Im Jahre:	1896	1897	1898	1899	1900	1901	1902
Konten mit einem Guthaben bis 150 Mk.	53	54	53	53	53	52	53
„ über 150 Mk. bis 600 Mk.	26	25	25	25	25	25	24
„ „ 600 Mk.	21	21	22	22	22	21	23

Im Jahre:	1903	1904	1905	1906	1907
Konten mit einem Guthaben bis 150 Mk.	52	52	52	52	52
„ über 150 Mk. bis 600 Mk.	24	24	24	24	24
„ „ 600 Mk.	24	24	24	24	24

Eine nennenswerte Verschiebung ist demnach nur zu Gunsten der Gruppe der höchsten Konten und auf Kosten der mittleren Gruppe eingetreten. Am Schluß des letzten Geschäftsjahres waren vorhanden:

Konten bis 60 Mk.	31 446 =	36,90 %	} 52,25 %
„ über 60 Mk. bis 150 Mk.	13 081 =	15,35 „	
„ „ 150 Mk. bis 300 Mk.	10 185 =	11,95 „	} 24,35 %
„ „ 300 „ „ 600 „	10 564 =	12,40 „	
„ „ 600 „ „ 3000 Mk.	16 675 =	19,57 „	} 23,40 %
„ „ 3000 Mk. bis 100 000 Mk.	3 141 =	3,69 „	
„ „ 100 000 Mk.	120 =	0,14 „	
	85 212 =	100 %.	

Von den Einlagen bei der Halleschen Geschäftsstelle der Sparkasse des Saalkreises entfielen dagegen im Jahre 1904:

auf Konten bis	60	150	300	600	3000	10 000	über 10 000 Mk.
%	27,6	13,2	12	13,7	26,5	6,4	0,6
	40,8		25,7		33,5		

In etwas dürfte die Durchschnittshöhe der Sparguthaben auch dadurch vergrößert worden sein, daß die in dem Statut festgelegte obere Grenze von

100 Taler auf 10 000 Mk. und in dem neuen Statut von 1906 auf 30 000 Mk. heraufgerückt worden ist. „Mit Genehmigung des Vorstandes darf ferner bei Mündelgeldern und bei Geldern von Stiftungen, Gemeinden, sonstigen Körperschaften und Vereinen, sowie von Konkurs- und sonstigen Massen die Sparkasseneinlage bis auf 50 000 Mk. erhöht werden. Für solche Einlagen können besondere Zins- und Kündigungsbedingungen vereinbart werden." (§ 4 der Satzung.)

Ein Teil, der für die Wirtschaftlichkeit des Sparkassenbetriebes bedeutsamen Maßnahmen ist bereits betrachtet worden. Wir sahen, daß die Verwaltung bestrebt war, durch schnelleres Eintretenlassen der Verzinsung, durch Heraufrücken der oberen Grenzen der Spareinlagen und durch Einrichtung von Nebenstellen den Kreis der Sparer zu vergrößern, daß andererseits aber auch durch das beständige Festhalten an der dreiprozentigen Verzinsung ohne Rücksicht auf die Höhe des Diskonts die der Sparkasse alljährlich zufließenden dauernden Einlagen zeitweilig erheblich geschmälert wurden. Es ist nunmehr noch die Anlegung der Bestände und die Belastung durch die Verwaltungskosten zu untersuchen.

Die Anlage der Bestände ist in Tabelle 4 und 4 a dargestellt. Sie ist durchgehends langfristiger Natur gewesen, von kurzfristigen Geschäften, wie Wechselkäufen, hat sich die Sparkasse, von ganz geringen Ausnahmen abgesehen, völlig ferngehalten (vgl. Spalte 11). Die in Spalte 9 angegebenen Summen stellen in der Hauptsache die zur Sicherung des Kassenverkehrs erforderlichen Depots bei Banken dar. In Hypotheken wurden sehr bald erhebliche Beträge angelegt, die schon 1863 auf 68,5 % der gesamten Aktiva stiegen und auch in dem Jahre 1889, in dem das relative Maximum liegt, noch 35 % ausmachten. In dem letzten Geschäftsjahr ist ihr Anteil wieder auf rund 41 % gestiegen. Seit 1886 ist die Scheidung zwischen städtischen und ländlichen Hypotheken möglich. Das Verhältnis der in beiden angelegten Summen stellte sich damals annähernd auf 1 : 1, hat sich aber seither zu gunsten der städtischen Hypotheken auf 33 : 1 verschoben. Die Gründe dafür sind der gesteigerte städtische Bedarf an Hypothekengeldern, dessen Befriedigung sich die Sparkasse als städtisches Institut in erster Linie angelegen sein lassen muß und die leichtere, ständig erfolgende Kontrolle der beliehenen städtischen Grundstücke. In dem letzten Berichtsjahr 1907 waren 643 städtische und 13 ländliche Grundstücke beliehen, so daß auf eine städtische Hypothek durchschnittlich 30 616 Mk., auf eine ländliche 45 938 Mk. entfielen.

Die durchschnittliche Verzinsung des gesamten in Hypotheken angelegten Kapitals stellte sich in demselben Jahre auf 4,04 %, und zwar wurden

II. Die Sparkasse.

verzinst 19 491 Mk. mit $3^3/4$ %, 17 503 571 Mk. mit 4 %, 832 700 Mk. mit $4^1/3$ %, 337 600 Mk. mit $4^1/2$ %, 154 000 Mk. mit 5 %.

Die Inhaberpapiere nehmen seit Ende der sechziger Jahre größere Bedeutung ein, in den letzten Jahren haben sie mit 44—47 % an erster Stelle unter den Aktiven gestanden. Im Jahre 1906 setzten sie sich aus 97 Nummern im Nennwert von 24 713 550 Mk., einem Ankaufswert von 24 733 068,6 Mk. und einem Kurswert von 23 862 680,15 Mk. zusammen. Sie sind im einzelnen in Tabelle 5 angeführt. Nahezu 45 % entfallen auf die Anleihen des Reiches und der deutschen Staaten, davon ist der weitaus größte Teil mit nominell $3^1/2$ % verzinslich. Auch der Bestand an Stadtanleihen, der 26 % ausmacht, bringt nur $3^1/2$ % Verzinsung. Der in ihm mit rund $2^1/2$ Millionen = 10 % des Gesamtbestandes figurierende Anteil von Halleschen Stadtanleihen kann nicht als zu hoch bezeichnet werden. Besonders zu beachten ist der starke Anteil der Pfandbriefe, durch den die Zurückziehung des Sparkassenkapitals von den ländlichen Hypotheken offenbar teilweise ausgeglichen wurde, so daß die Unterstützung des ländlichen Kredits durch die Sparkasse nur eine andere Form angenommen hat. Ende des Jahres 1907 waren von den Inhaberpapieren im Nennwert von 25 015 950 Mk. 138 500 zu 4 % verzinslich, 23 177 150 Mark zu $3^1/2$ %, 300 000 Mk. zu $3^1/3$ %, 1 400 000 Mk. zu 3 %; der Durchschnitt der Verzinsung stellte sich auf 3,47 %, wobei aber zu berücksichtigen ist, daß die effektive Verzinsung wegen des von dem Nominalwert abweichenden Einkaufspreises der Papiere hiervon etwas abweichen muß.

Die Darlehen an öffentliche Institute haben erst in dem letzten Jahrzehnt größeren Umfang angenommen. Bis dahin war es lediglich das Leihamt, das seinen Bedarf an Betriebskapital ständig bei der Sparkasse deckte, während neuerdings auch andere städtische Institute und die Kämmerei in Geschäftsverkehr mit der Sparkasse stehen. Die Verzinsung dieser Anlagen betrug Ende 1907 für 1 002 552 Mk. $3^1/2$ %, für 1 312 264 Mk. $3^3/5$ %, für 2 991 700 Mk. $3^3/4$ %, für 50 700 Mk. 4 %, im Durchschnitt 3,67 %.

Die auffällige Höhe der Kassenbestände findet ihre Erklärung darin, daß am Quartals- und ganz besonders am Jahresende besonders große Barbestände vorrätig gehalten werden, um die an diesem oder dem nächsten Tage fälligen Gelder für angekaufte Hypotheken zu bezahlen. Der normale Kassenbestand beträgt dagegen nur 10 000 bis 25 000 Mk. Man wird mit Recht die Frage aufwerfen können, ob sich die volkswirtschaftlich sehr unerwünschten großen Ansammlungen baren Geldes an den Quartalsenden nicht durch größere Ausnützung des Giro- und Scheckverkehrs vermeiden ließen.

Tabelle 4.

Aktiva der Sparkasse.

Jahr	Zusammen	Hypotheken auf städtische Grundstücke		Hypotheken auf ländliche Grundstücke		Davon waren angelegt in:										
						Inhaberpapieren (Kurswert)		Darlehen gegen Unterpfand und Forderungen an Bankhäuser		Darlehen gegen Wechsel oder Schuldschein		Darlehen an öffentliche Institute und Korporationen		sonstigen Werten		Kassenbestand	
		Mk.	%	Mk.	%	Mk.	%	Mk.	%	Mk.	%	Mk.	%	Mk.	%	Mk.	%
1	2	3	4	5	6	7	8	9	10	11	12	13	14	15	16	17	18
1857	57 870	—				15 000	(18,3)	18 870	32,6			24 000	41,5			4 393	7,6
1858	133 859	8 550	6,4			15 000	(6,5)	61 409	46,0			48 900	36,6			6 019	4,5
1859	192 894	52 500	27,2			15 000	(6,0)	82 795	43,0			42 600	22,1			3 322	1,7
1860	964 495	349 950	36,3	Von 1857 bis 1885 bei Spalte 3 mit enthalten.		222 600	(21,8)	301 045	31,2			90 900	9,4			12 646	1,3
1861	1 153 258	495 750	42,9			267 600	(23,3)	293 608	25,4			96 300	8,3			1 308	1,1
1862	1 317 996	725 500	55,0			261 225	19,8	209 139	15,9			92 100	7,0	1 582	0,1	28 398	2,2
1863	1 386 436	948 750	68,5			187 197	13,5	193 716	13,9			49 800	3,6	831	0,1	6 141	0,4
1864	1 530 006	1 012 350	66,0			190 545	12,5	277 159	18,2			42 900	2,8	831	0,1	6 219	0,4
1865	1 708 695	1 152 750	67,5			185 414	10,8	290 771	17,0			65 700	3,8	831	0,1	13 230	0,8
1866	1 675 053	1 064 250	63,6			190 395	11,4	268 312	16,0			122 700	7,3	1 845	0,1	27 550	1,6
1867	1 740 445	1 139 250	65,6			259 485	14,9	181 368	10,4			147 600	8,4	3 626	0,2	9 115	0,5
1868	1 949 720	1 149 750	59,0			393 508	20,2	268 055	13,7			127 200	6,5	3 681	0,2	7 526	0,4
1869	2 184 861	1 202 250	55,1			537 682	24,6	307 424	14,0			126 300	5,8	3 669	0,2	7 534	0,3
1870	2 225 309	1 309 950	58,8			557 970	25,1	290 189	8,9			136 200	6,1	3 591	0,2	19 308	0,9
1871	2 575 259	1 323 150	51,3			745 749	29,0	334 124	13,0			122 100	4,7	4 556	0,2	45 579	1,8
1872	2 892 304	1 366 650	47,2			827 716	28,6	537 661	18,6			91 200	3,2	3 866	0,1	65 210	2,3

II. Die Sparkasse.

1873	3 484 378	1 502 550	43,2			1 373 139	39,4			84 300	2,4	14 285	0,4	97 238	2,8
1874	3 987 343	1 973 700	49,5			1 596 264	40,0	412 866	11,8	103 200	2,6	14 611	0,4	57 311	1,4
1875	4 006 714	1 994 700	49,8			1 408 140	35,1	242 257	6,1	124 800	3,1	13 119	0,3	98 592	2,5
1876	4 479 866	2 303 063	51,4			1 555 838	34,8	367 363	9,2	115 100	2,6	13 738	0,3	64 457	1,4
1877	4 785 116	2 395 163	50,0			1 865 663	39,0	427 670	9,5	152 700	3,2	14 334	0,3	21	—
1878	5 080 579	2 351 813	46,3			2 172 235	42,7	357 236	7,5	178 200	3,5	18 212	0,4	19 177	0,4
1879	5 719 104	2 563 213	44,9			2 593 222	45,3	340 943	6,7	178 600	3,1	21 964	0,4	18 230	0,3
1880	6 207 959	2 663 155	42,9			3 081 920	49,7	343 876	6,0	154 600	2,5	27 217	0,4	15 154	0,2
1881	6 852 120	2 853 485	41,6			3 482 853	50,9	265 914	4,3	204 000	3,0	33 287	0,5	44 179	0,6
1882	7 624 338	3 975 335	52,1			3 412 030	44,8	234 316	3,4	128 500	1,7	41 209	0,5	45 185	0,6
1883	8 327 707	4 233 585	50,8			3 760 483	45,2	22 079	0,3	185 600	2,2	110 945	1,3	4 674	0,1
1884	9 099 904	4 370 635	48,0			4 316 150	47,5	32 420	0,4	128 100	1,4	156 631	1,7	8 093	0,1
1885	10 373 586	4 363 435	42,1			5 247 134	50,6	120 294	1,3	95 800	0,9	156 939	1,5	134 713	1,3
1886	12 192 655	2 384 050	19,6	2 197 931	18,1	6 345 451	52,0	375 565	3,6	523 100	4,3	151 611	1,2	394 895	3,2
1887	13 323 729	3 370 925	25,3	2 027 363	15,2	7 420 063	55,7	195 617	1,6	76 100	0,6	146 391	1,1	218 367	1,6
1888	14 850 332	3 921 090	26,4	1 788 063	12,0	8 471 085	57,0	64 519	0,5	277 400	1,9	141 401	1,0	181 559	1,2
1889	16 378 368	4 204 940	25,7	1 517 000	9,3	9 795 989	59,8	69 734	0,5	84 500	0,5	138 484	0,8	247 720	1,5
1890	17 068 243	5 080 065	29,8	1 329 760	7,8	10 073 813	59,0	389 733	2,4	101 900	0,6	146 080	0,9	264 352	1,5
1891	17 439 367	5 643 875	32,4	1 328 760	7,6	9 982 522	56,4	72 273	0,4	132 700	0,7	150 737	0,9	164 460	0,9
1892	18 761 647	6 513 275	34,8	1 281 760	6,8	9 943 832	53,0	186 313	1,1	129 800	0,7	149 724	0,8	229 637	1,2
1893	19 817 289	7 451 275	37,6	1 275 610	6,4	10 131 620	51,1	513 618	2,7	114 600	0,6	149 945	0,8	319 384	1,6
1894	21 546 792	8 361 125	38,8	1 255 810	5,8	10 285 070	47,7	374 855	1,9	134 000	0,6	148 995	0,7	267 333	1,2
1895	24 108 319	8 587 925	35,6	1 212 660	5,0	12 972 182	53,9	787 029	3,3	146 100	0,6	153 275	0,6	249 148	1,0
1896	26 287 375	9 464 202	36,1	1 068 060	4,1	14 787 975	56,2	104 406	0,4	142 900	0,5	160 106	0,6	559 725	2,1
1897	28 256 497	11 217 526	39,8	901 200	3,2	14 995 178	53,0	259 866	0,9	137 600	0,5	153 764	0,5	290 131	1,0
1898	30 500 096	14 300 477	46,9	781 500	2,6	14 704 015	48,2	107 885	0,6	282 207	0,9	153 352	0,5	107 660	0,3
1899	32 189 838	15 175 877	47,2	774 750	2,4	14 013 962	43,6	305 052	0,9	114 600	0,4	157 409	0,5	363 720	1,1
1900	33 426 407	15 909 525	47,6	759 950	2,3	13 813 057	41,3	134 486	0,4	134 000	0,4	154 271	0,5	302 710	0,9
1901	36 680 313	17 078 225	46,6	677 950	1,8	14 345 967	39,2	641 118	1,7	146 100	0,4	154 116	0,4	282 717	0,8
1902	39 673 825	17 677 535	44,5	637 950	1,6	15 620 591	39,4	883 635	2,2	1 399 069	4,3	159 650	0,4	784 616	2,0
1903	43 031 103	18 202 902	42,3	597 950	1,4	16 091 660	42,1	537 850	1,2	2 352 408	7,0	169 874	0,4	706 403	1,6
1904	45 884 094	18 406 444	40,1	457 200	1,0	20 276 174	44,3	465 540	1,0	3 499 620	9,5	245 801	0,5	343 544	0,7
1905	48 652 378	18 553 904	38,2	457 200	0,9	22 636 466	46,5	377 966	0,8	3 909 848	9,9	187 994	0,4	399 131	0,8
1906	50 257 156	19 240 148	38,3	757 200	1,5	23 862 680	47,4	291 490	0,6	5 639 392	12,3	188 270	0,4	603 760	1,2
1907	49 535 391	19 685 913	39,7	597 200	1,2	23 122 172	46,7	14 588	—	5 475 840	11,0	196 490	0,4	429 365	0,9

Rows 1893 and subsequent have additional value 563 878 / 1,2 and 150 in column — see: 1906 shows 563 878 1,2 under one column; 1907 shows 150.

2*

Tabelle 5.

Bestand an Inhaberpapieren im Jahre 1906.

	Zinsfuß %	Nennwert Mk.	In %
Deutsche Reichsanleihe	3½	2 732 000	12,2
„ „	3	300 000	
Preußische Staatsanleihe	3½	6 023 850	29,3
„ „	3	537 000	
Preußische Schatzanweisungen	3½	800 000	
Anlagen anderer deutscher Staaten	4	65 000	
„ „ „ „	3½	581 900	3,0
„ „ „ „	3	114 400	
Provinzialanleihen und Rentenbriefe	4	60 000	
„ „ „	3½	773 000	4,5
„ „ „	3⅓	300 000	
Ländliche Pfandbriefe u. dgl.	4	16 500	
„ „ „	3½	4 431 600	18,9
„ „ „	3	301 900	
Berliner Stadt-Synodal-Anleihe	3½	594 300	2,8
Deutsch-Ostafrikanische Schuldverschreibungen	3½	98 000	
Hallesche Stadtanleihen	3½	2 447 100	9,8
Andere städtische Anleihen	3½	3 951 300	16,2
„ „ „	3	109 000	
Eisenbahnpapiere	3½	783 700	3,3
„	3	39 000	

In Tabelle 6, Spalte 2 sind die aus sämtlichen Anlagen fließenden Zinseinnahmen wiedergegeben, aus ihnen ist dann die Verzinsung für sämtliche Aktiva, also einschließlich der geringen nicht zinstragenden Kassenbestände usw. berechnet worden (Spalte 8). Zur Erzielung größtmöglicher Genauigkeit wurde als Aktiva dabei das arithmetische Mittel zwischen den Aktiven am Jahresbeginn und Jahresschluß angenommen. Bis 1885 hielt sich die Verzinsung ständig mit Ausnahme des Jahres 1881 über 4 %, seit 1886 konnte diese Grenze aber nie wieder erreicht werden. Das Minimum der Durchschnittsverzinsung fällt mit 3,64 % auf 1898, obwohl der Diskont in diesem Jahre auf 4,27 % gestiegen war.

Bei Aufstellung der Verwaltungskosten sind die Einnahmen auf Verwaltungskonto wie Mieten und bis 1885 auch Beiträge der mitverwalteten Institutskassen in Berechnung gebracht worden, so daß die in Tabelle 6, Spalte 3 aufgeführten Summen die wirkliche Belastung durch die Verwaltung darstellt. Schon zu Beginn der sechziger Jahre betrugen sie unter 0,2 % der gesamten Aktivmasse, seit 1886 sind sie auf 0,08—0,10 % von ihr gesunken. Nur das letzte Geschäftsjahr 1907, in dem die Verwaltung

II. Die Sparkasse.

Tabelle 6. **Betriebsergebnisse der Sparkasse.**

Jahr	Zins= einnahmen	Ver= waltungs= kosten	Wertol= tungskosten in % der Aktiven	Überschüsse	davon der Kämmerei überwiesen	Rein= vermögen (Kurswert)	Rein= vermögen in % der Spar= einlagen	Spezial= reserve= fonds	Durchschn. Verzinsung d. ausgelieh. Kapitalien
1	2	3	3a	4	5	6	6a	7	8
1857	882	213	0,35	375			—		(4,18
1858	4 740	701	0,53	2 967			—		4,94
1859	7 041	670	0,35	3 333		1 264	0,7		4,30
1860	40 005	2 668	0,28	15 951		23 871	2,5		6,82
1861	46 008	1 971	0,17	18 714		27 823	2,5		4,36
1862	54 331	2 503	0,19	16 984		42 300	3,4		4,39
1863	58 859	2 116	0,15	12 899		51 904	3,9		4,37
1864	62 138	2 578	0,17	16 364		68 838	4,8		4,27
1865	70 580	2 776	0,16	18 632		83 178	5,2		4,37
1866	72 209	2 430	0,15	21 374		84 466	5,4		4,27
1867	77 060	2 099	0,12	21 989		102 554	6,3		4,52
1868	82 458	2 480	0,13	25 542		120 006	6,6		4,46
1869	92 615	2 773	0,13	30 152		143 004	7,1		4,48
1870	96 897	2 656	0,12	30 432		162 379	8,0		4,38
1871	102 958	3 199	0,12	31 174		292 223	13,0		4,28
1872	112 654	3 328	0,12	32 338		335 049	13,3		4,13
1873	129 760	4 988	0,14	42 934		378 901	12,4		4,07
1874	157 761	5 055	0,13	45 838		401 463	11,4		4,22
1875	199 825	5 934	0,15	65 938		412 109	11,5		4,90
1876	182 520	5 181	0,12	62 295		513 451	13,0		4,31
1877	200 889	4 577	0,10	70 996		585 636	14,0		4,32
1878	211 724	6 569	0,13	73 077		714 772	16,4		4,28
1879	229 930	6 672	0,12	78 189		870 410	18,0		4,26
1880	240 987	6 639	0,11	77 308		1 028 386	19,8		4,03
1881	252 035	7 093	0,10	75 207	70 000	1 158 304	20,3		3,86
1882	316 775	8 416	0,11	117 625	70 000	1 264 756	19,9		4,38
1883	332 500	8 482	0,10	117 472	70 000	1 285 146	18,2		4,17
1884	359 699	8 778	0,10	122 758	70 000	1 365 850	17,6		4,12
1885	396 664	15 962	0,15	132 700	70 000	1 430 714	16,0		4,08
1886	448 127	10 903	0,09	139 694	100 000	1 527 648	14,3		3,98
1887	490 205	12 341	0,09	135 927	100 000	1 537 562	13,1		3,85
1888	534 003	15 103	0,10	144 586	100 000	1 723 501	13,1		3,79
1889	585 543	14 726	0,09	154 442	50 000	1 668 116	11,3		3,74
1890	610 648	16 286	0,10	141 222	—	1 388 294	9,0		3,65
1891	645 514	16 890	0,10	158 046	79 022	1 345 796	8,4		3,72
1892	684 546	18 085	0,10	170 005	85 000	1 573 790	9,2		3,78
1893	723 230	17 880	0,09	182 397	91 000	1 696 438	9,4		3,75
1894	780 961	17 085	0,08	197 131	98 595	1 983 118	10,2		3,78
1895	854 154	18 956	0,08	199 876	99 000	2 079 221	9,5		3,74
1896	934 089	22 384	0,09	209 839	99 000	2 126 619	8,9		3,70
1897	995 612	22 314	0,08	217 610	100 000	2 232 940	8,7		3,65
1898	1 067 041	25 725	0,08	224 779	112 390	2 137 667	7,6		3,64
1899	1 155 960	29 590	0,09	249 144	110 000	1 688 457	5,6		3,69
1900	1 253 351	30 576	0,08	294 659	147 330	1 677 482	5,4		3,82
1901	1 331 012	32 639	0,09	323 941	161 970	2 431 662	7,2		3,80
1902	1 426 626	35 525	0,09	333 833	166 917	2 797 635	7,7	496 056	3,74
1903	1 538 426	38 053	0,09	354 454	177 227	2 979 805	7,5	495 570	3,72
1904	1 651 742	41 250	0,09	370 592	185 296	3 096 105	7,3	426 574	3,72
1905	1 756 248	39 682	0,09	405 816	202 908	3 219 699	7,2	347 260	3,72
1906	1 848 360	46 843	0,09	422 329	211 165	2 853 428	6,1	—	3,73
1907	1 897 472	61 690	0,12	432 054	—	2 250 573	4,8	—	3,80

durch die einen erheblichen Kostenaufwand verursachende Eröffnung der Zweigstelle Nord belastet wurde, stellt mit 0,12 % eine Ausnahme dar. Bezieht man die Verwaltungskosten auf den mit den Sparern getätigten Umsatz (Einzahlungen und Rückzahlungen), so erhält man für 1905: 0,13 %, für 1906: 0,15 %, für 1907: 0,18 %.

Die **finanziellen Ergebnisse** der Kassentätigkeit für die Sparkasse selbst sind in Tabelle 6, Spalte 4 angegeben. Jahr für Jahr ist, nachdem die ersten Einrichtungsjahre überstanden waren, mit erheblichen Überschüssen gewirtschaftet worden. 1882 wurde das erste Hunderttausend bereits erheblich überschritten, 1896 wurde das zweite Hunderttausend erreicht, 1901 das dritte, 1905 das vierte. In diesen Summen steckt aber, was nicht übersehen werden darf, auch die Verzinsung für das eigene Vermögen der Sparkasse. Bringt man für diese 3½ % in Abzug, so bleiben als eigentlicher **Nettoverdienst** der Kasse an den Spareinlagen:

Im Jahre	Mk.	in % der Aktiva	in % des Vermögens
1870	25 000	1,135	16,4
1880	41 000	0,687	4,3
1890	92 750	0,554	6,1
1895	127 000	0,556	6,3
1900	236 000	0,716	14,0
1901	239 000	0,682	11,6
1902	236 000	0,618	9,0
1903	250 000	0,605	8,7
1904	263 000	0,592	8,7
1905	293 000	0,620	9,3
1906	322 500	0,653	10,6
1907	352 000	0,705	13,8

Wenngleich also der absolute Gewinn aus dem Sparverkehr infolge des gesteigerten Umsatzes ganz erheblich zugenommen hat, ist doch die Gewinnquote, der Verdienst an je 100 Mk. Spareinlage, in dem Jahrzehnt zwischen 1870 und 1880 um fast ½ %, d. h. 40 % der Quote, zurückgegangen und hat sich bisher zwischen ½ und ⅔ % bewegt. Die kleine, in den letzten Jahren eingetretene Zunahme erklärt sich dadurch, daß bei Berechnung der Vermögenszinsen nicht der Anschaffungswert, sondern nur der erheblich niedrigere Kurswert der Effekten in Betracht gezogen werden konnte, so daß die Restsumme zu groß ausfällt. Bei Berücksichtigung dieses Fehlers sinkt die Gewinnquote der letzten Jahre auf rund 0,6 %. — Auch aus der Entwicklung der **Durchschnittsverzinsung der ausgeliehenen Kapitalien** (Tabelle 6, Spalte 8) lassen sich die gleichen Ergebnisse ableiten.

Faßt man das Vermögen der Sparkasse zugleich als ihr Geschäftskapital auf, so stellen die in Spalte 2 der vorstehenden Aufstellung angeführten

II. Die Sparkasse.

Summen die mit diesem Kapital erzielten, über die bloße Verzinsung hinausgehenden Gewinne dar, d. h. den eigentlichen Unternehmergewinn. In Spalte 4 derselben Aufstellung ist dieser auf das jeweilige Kapital bezogen worden. Die nicht unerhebliche Zunahme in den letzten Jahren ist wieder die Folge davon, daß die Vermögenszinsen von dem Kurswert statt von dem Ankaufs- oder von dem Nennwert berechnet werden mußten, und daß weiterhin gerade in den letzten Jahren der Kurswert der den Vermögensstand bildenden Papiere stark zurückgegangen ist, so daß der Unternehmergewinn auf ein, wenn auch nicht nominell, so doch seinem Buchwert nach erheblich kleineres Kapital als in den Vorjahren bezogen werden mußte, wodurch wieder die Quote des Unternehmergewinnes entsprechend in die Höhe getrieben wurde.

Die durch den Geschäftsverkehr erzielten Überschüsse wurden im Anfang zur Rückzahlung des geliehenen Betriebskapitals und zur Beschaffung des Mobiliars usw. verwendet, späterhin flossen sie dem Vermögen (Reservefonds) der Kasse zu, seit 1882/83 wurden sie teilweise auch der Kämmerei zur weiteren Verwendung überwiesen.

Der Reservefonds sollte nach dem ersten Statut von 1857 25 % der Passiva betragen, er hat aber diesen Prozentsatz niemals erreicht. Solange aber dies nicht der Fall war, konnten die Überschüsse, die seit Mitte der siebziger Jahre anfingen recht bedeutend zu werden, nicht an die Stadtgemeinde abgeführt werden. Die städtischen Körperschaften beschlossen daher 1882, nachdem im Jahre 1881 der Reservefonds auf über 20 % gestiegen war, daß seine statutenmäßige Höhe nur noch 15 % betragen sollte. Schon 1887 wurde eine weitere Herabsetzung dieser Quote auf 10 % verfügt. Bei der Statutenänderung von 1891 wurde endlich festgesetzt, daß die am Jahresschluß nach Abzug der Verwaltungskosten sich ergebenden Zinsenüberschüsse dem Reservefonds vollständig überwiesen werden sollen, so lange dieser nicht 5 % beträgt. Ist dieser Betrag erreicht, so müssen ihm noch die Hälfte der Überschüsse überwiesen werden, bis er auf 10 % der Spareinlage angewachsen ist. Dieser letztgenannte Prozentsatz ist seit 1891 nur einmal im Jahre 1894 überschritten worden. In dem letzten Berichtsjahr 1907 wurde sogar nicht der Satz von 5 % erreicht, so daß auch die gesamten Überschüsse dem Reservefonds zugeführt werden mußten. Dieser Rückgang ist die Folge der großen Kursverluste, welche die Sparkasse in den beiden letzten Jahren erlitten hat, und die sich noch deutlicher bei Betrachtung der absoluten Zahlen zeigen (Tabelle 6, Spalte 6). Wir sehen, wie der Reservefonds der Sparkasse, der zugleich ihr Vermögen bildet, da ihm ja bis 1881 alle Überschüsse zuflossen, zunächst schnell anstieg und sich schon 1880 auf über eine Million Mark, 1895 auf über zwei Millionen

Mark belief. In den Jahren 1899 und 1900 erlitt aber der große Effektenbestand der Sparkasse eine starke Entwertung, die auf den Reservefonds abgewälzt werden mußte, so daß dieser erheblich zusammenschmolz. Nachdem er in den folgenden Jahren infolge der Kursaufbesserungen der Effekten und der neuen Dotationen die frühere Höhe wieder erreicht, 1904 und 1905 sie mit 3,1 bzw. 3,2 Millionen Mark sogar noch überschritten hatte, haben die über eine Million betragenden Kursverluste der beiden letzten Jahre eine abermalige Herabminderung des Reservefonds auf $2^{1}/_{4}$ Millionen Mark = 4,8 % der Spareinlagen gebracht, so daß die Stadt, wie schon erwähnt wurde, trotz der effektiv erzielten hohen Überschüsse, auf jeden Gewinnanteil verzichten mußte. Die Sparkassenverwaltung bemerkt in ihrem letzten Verwaltungsbericht hierzu, daß diese Verluste nur buchmäßige seien, und daß ihre Ausgleichung durch Kursaufbesserungen bei Wiederkehr normaler Geldverhältnisse zu erwarten sei. Das ist ohne weiteres zuzugeben. Nichtsdestoweniger läßt sich aber auch nicht leugnen, daß bei der Bilanzierung des städtischen Etats der Ausfall einer so erheblichen Summe, wie der Gewinnanteil der Stadt an den Sparkassenüberschüssen in den letzten Jahren darstellte, recht störend empfunden werden muß, und daß ferner gerade in Krisenzeiten die starke Einbuße des Reservefonds leicht verwirrend auf die Menge der kleinen Sparer wirken kann. Wachsen dann in solchen Zeiten die Rückzahlungen in abnormer Weise und werden zur Herbeischaffung der für sie erforderlichen Mittel größere Effektenverkäufe nötig, so ist die Gefahr, daß sich die buchmäßigen Verluste in wirkliche verwandeln, fast unvermeidlich. Es wäre zu erwägen, ob der mit der Anlegung der Gelder in Effekten angestrebte Zweck, die Bereithaltung eines schnell realisierbaren Fonds, nicht auch — teilweise wenigstens — durch An- und Verkauf von Bankwechseln erreicht werden könnte, die unzweifelhaft ebenfalls eine fast unbedingte Sicherheit bieten, bei denen aber größere Kursverluste nicht zu erwarten sind.

Zum Vergleich folgt eine Zusammenstellung der für den Betrieb der **Sparkasse des Saalkreises** charakteristischen Daten:

Jahr	Spareinlage am Jahresschluß		Aktiva am Jahresschluß	Hypotheken		Davon an-			
	Gesamt Mk.	Geschäftsstelle Halle Mk.	Mk.	Mk.	%	Wertpapieren (Kurswert) Mk.	%	Depots und Darlehen an öffentliche Körperschaften Mk.	%
1906	27 189 543	21 785 286	29 094 727	8 094 248	27,8	9 423 688	32,4	10 650 558	36,6
1907	27 267 796	21 618 660	28 878 851	8 650 225	30,0	9 238 995	32,0	10 067 241	34,8

II. Die Sparkasse.

Der Unterschied in der Anlegung der Aktiven ist sehr auffallend. Die Darlehen an öffentliche Körperschaften, die bei der städtischen Sparkasse nur wenige Prozent ausmachten, stehen hier mit rund 35 % an erster Stelle, während in Hypotheken, ganz besonders aber in Inhaberpapieren, ein weit geringerer Teil der Aktiven angelegt ist als bei der städtischen Sparkasse. Als Folge davon ergibt sich zwar mit 3,62 (1906) und 3,69 % (1907) eine etwas niedrigere Verzinsung als bei dieser (3,73 und 3,80 %), dafür sind aber auch die buchmäßigen Kursverluste erheblich geringer. Sie betrugen im Jahre 1907 bei der

	in % des Reservefonds vom 31. Dez. 1906	in % des Bestandes an Inhaberpapieren vom 31. Dez. 1906	in % der Aktiven vom 31. Dez. 1906
Sparkasse des Saalkreises	18,2	3,3	1,07
städtischen Sparkasse . .	36,3	4,3	2,06

Die Zahlen zeigen sehr deutlich, welche Wirkung eine höhere oder geringere Anlage der Aktiven in Krisenzeiten haben muß.

Die Verwaltungskosten machen, wie wegen des geringeren Umsatzes und der verhältnismäßig teuren Verwaltung der ländlichen Zweigstellen zu erwarten ist, einen höheren Prozentsatz der Aktiven aus, als bei der städtischen Sparkasse. Sie betrugen 1906: 0,15 %, 1907: 0,13 % gegen 0,09 und 0,12 % bei der letzteren. Auf den Gesamtumsatz bezogen, stellten sie sich 1906 auf 0,28 %, 1907 auf 0,23 %.

Charakterisierten die mitgeteilten finanziellen Ergebnisse die Sparkasse als einen Einnahmebetrieb von hervorragender Bedeutung für die Stadtfinanzen, so ist von der 1883 ins Leben getretenen, der Sparkasse angegliederten Pfennigsparkasse das Gegenteil zu sagen. Die Hoffnung, durch diese Einrichtung die kleinsten Sparer heranzuziehen, hat sich, wie Tabelle 7 zeigt, in keiner Weise erfüllt, die Kasse hat vielmehr stets nur ein kümmerliches Dasein gefristet und soll im Laufe des Jahres 1908 ganz eingehen. Da die Bestände von der städtischen Sparkasse mit verwaltet

gelegt in				Einnahmen		Ausgaben	davon für Verwaltung	Buchmäßiger Kursverlust	Reingewinn	Reservefonds	
Kassenbestand		Sonstigem								Kurswert	in % der Einlagen
Mk.	%	Mk.	%	Mk.		Mk.	Mk.	Mk.	Mk.	Mk.	
539 455	1,9	386 778	1,3	1 036 997		831 133	43 294	184 226	200 199	1 705 162	6,27
508 915	1,8	413 475	1,4	1 069 557		843 390	37 700	311 016	210 475	1 776 170	6,51

werden, können Angaben über die Rentabilität der Einrichtung nicht gemacht werden, sie hat aber keinesfalls Überschüsse erbracht.

Anhangsweise ist in Tabelle 8 noch die Verwendung der an die Kämmerei abgeführten Sparkassenüberschüsse dargestellt. Nach § 36 des Statuts können diese von den städtischen Körperschaften mit Genehmigung der staatlichen Aufsichtsbehörde für öffentliche Zwecke verwendet werden. Eine Begrenzung dieser Verwendungszwecke ist also nicht erfolgt, es ist insbesondere auch nicht gefordert, daß die Überschüsse den Volksschichten,

Tabelle 7.

Jahr	Einnahmebetrag Mk.	Ausgabebetrag Mk.	Bestand Mk.
1883	3620	2527	1093
1884	4100	4005	1188
1885	3260	3212	1236
1886	3750	3453	1533
1887	3390	3463	1460
1888	2810	2940	1330
1889	1800	1940	1190
1890	1990	1839	1341
1891	2610	2417	1534
1892	2370	2360	1544
1893	2480	2331	1693
1894	2850	2786	1757
1895	2120	2134	1743
1896	2790	2687	1846
1897	2690	2480	2056
1898	6670	5692	3034
1899	5150	5351	2833
1900	3610	3771	2672
1901	2530	2675	2527
1902	3090	2819	2798
1903	3910	3580	3128
1904	3000	3622	2506
1905	2850	2773	2583
1906	2640	3283	1940
1907	2820	2748	

aus denen die große Masse der Sparer stammt, wieder zu gute kommen sollen. Diese Forderung könnte aber mit Recht erhoben werden. Sie ist im allgemeinen in dem letzten Jahrzehnt auch erfüllt worden, da in ihm die Aufwendungen für Schulen aller Art, für bedürftige Schüler, für Parkanlagen, Freibäder, Eisbahnen, für das Armenwesen und für verschämte Arme, endlich für Kinderhorte, Ferienkolonien und gemeinnützige Vereine sehr in den Vordergrund getreten sind. Im Jahre 1906 wurden für die genannten Zwecke 53,9 % der Gesamtsumme verausgabt. Die Ausgaben für Straßen- und Kanalbau, die in den achtziger und im Anfang der neunziger Jahre einen sehr erheblichen Teil der Gesamtsumme beanspruchten, haben dagegen fast vollständig aufgehört. Das Interesse der Sparer an diesen Bauten ist zweifelsohne bei weitem nicht so lebhaft und unmittelbar wie für die vorher genannten Einrichtungen. Die unter Spalte 3 (städtische Betriebe) genannten Summen, sind im wesentlichen der städtischen Desinfektionsanstalt zugeflossen, die bei ansteckenden Krankheiten auf Antrag die Desinfektion kostenfrei auszuführen hat und daher vorzugsweise den minderbemittelten Volksschichten dient. Für Theater, Museen und dergl. sind in den letzten Jahren 20—35 % der Überschüsse, 1895 sogar die ganze Summe verwendet worden. Es ist durchaus anzuerkennen, daß die Stadt das nobile officium hat, auch für Kunstzwecke öffentliche Gelder bereitzustellen. Andererseits ist aber nicht zu verkennen, daß die Theaterbesucher, und zwar ganz besonders diejenigen, welche die besseren Plätze in Anspruch nehmen, nur zu einem geringen Teil mit den Einlegern der Sparkasse identisch sein dürften. Eine vollständige Befriedigung der oben aufgestellten Forderung ist daher bis jetzt nicht erfolgt.

Tabelle 8. **Verwendung der der Stadt zur Verfügung gestellten Sparkassenüberschüsse.**

Jahr	Summe		Städtische Betriebe, kleinere Bauten		Straßen- und Kanalbau		Kirchenbauten und -ausbesserungen		Schulbauten und andere Schulzwecke		Gewerbl. und Fortbildungsschulwesen Haushaltsschulen		Schreibmaterial, Frühstück usw. für bedürftige Schüler	
	Mk.	%	Mk.	%	Mk.	%	Mk.	%	Mk.	%	Mk.	%	Mk.	%
1	2		3		4		5		6		7		8	
1883	140 000	100							140 000	100				
1884	70 000	"							70 000	100				
1885	70 000	"							70 000	100				
1886	70 000	"			96 000	96			70 000	100				
1887	100 000	"			93 200	93,2								
1888	100 000	"			91 700	91,7								
1889	100 000	"			39 650	79,3								
1890	50 000	"												
1891	—	—												
1892	79 022	"	8 718	9,6	65 672	83,1								
1893	85 000	"			18 750	22								
1894	91 000	"			34 532	38								
1895	98 595	"	9 310	9,4										
1896	99 000	"	12 900	13	28 600	28,9	2 000	2	60 000	70,6				
1897	99 000	"	14 000	14			2 500	2,5	40 000	44				
1898	100 000	"	16 034	14,3			4 889,6	4,4	40 000	40,4				
1899	112 389,6	"	13 143	11,9			2 500	2,3	60 000	60,6	800	0,7	3 555	3,2
1900	110 000	"	18 551	12,6			11 900	8,1	43 920	43,9	800	0,7	5 203	3,5
1901	147 329,6	"	20 740	12,8			7 000	4,3			800	5,4	5 578	3,4
1902	161 970,3	"	19 726	11,8	2 500	1,5			12 640	7,8	1500	0,9	10 373	6,2
1903	166 916,5	"	19 376	10,9	1 000	0,6	3 500	1,9	12 640	7,6			11 124	6,3
1904	177 227	"	20 926	11,3	1 000	0,5	3 645,9	1,9	12 640	7,1	2700	1,5		
1905	185 295,9	"	19 730	9,7	1 000	0,5	6 454	3,2	12 640	6,8	2700	1,5	13 645	7,4
1906	202 908	"			1 000	0,5			16 640	8,2	5100	2,5	13 957	6,9
1907	211 164,6	"			1 000	0,5								

II. Die Sparkasse.

Jahr	Parkanlagen, Freibad, Eisbahn u. ähnl. Mk.	%	Museen, Sammlungen, historische Gebäude Mk.	%	Theater Mk.	%	Armenkassen Mk.	%	Unterstützung von verschämten Armen, städt. Beamten und Arbeitern Mk.	%	Kinderhorte und -asyle, Ferienkolonien Mk.	%	Gemeinnützige Vereine Mk.	%	Sonstiges Mk.	%
	9		10		11		12		13		14		15		16	
1883																
1884																
1885																
1886																
1887								1 500	1,5								
1888								2 300	2,3			4 000	4				
1889								3 650	7,3			5 300	5,3				
1890												6 000	6				
1891												6 700	13,4				
1892								5 650	7,2								
1893								6 250	7,4								
1894								7 750	8,5			7 700	9,7				
1895			98 595	100													
1896	3340	3,4						7 750	7,8	13 000	13	7 000	7,1	3000	3		
1897	2860	2,9						9 250	9,3	15 000	13,3	8 990	9,1	3000	3		
1898	6180	6,2	8 200	7,3	30 995	27,6	8 850	8,85	15 000	13,6	8 550	8,85	3000	3		
1899	7430	6,6	2 700	2,5	34 291	31	18 571	16,5	15 000	10,2	7 510	6,7	3000	2,7		
1900	6360	5,8	5 300	3,6	25 908	17,6	18 791	17,1	15 000	9,3	9 360	8,5	3500	3,2		
1901	6700	4,5	6 970,3	4,3	34 033	21	20 592	14	15 000	10,2	12 946	8,8	4429,6	3		
1902	9060	5,6	11 429,6	6,8	37 200	22,3	21 979	13,6	17 000	10,2	13 070	8,1	7900	4,9	20 000	13,6
1903	8979	5,4	14 727	8,3	39 297,5	22,2	23 622	14,2	17 000	9,6	14 060	8,4	7386,7	4,4	3 500	2,2
1904	7910,5	4,4	13 650	7,4	40 433,7	21,8	23 622	13,3	17 000	9,2	13 530	7,6	8300	4,7	3 500	2,1
1905	9953,3	5,4						22 922	12,4	17 000		13 780	7,4	7500	4	3 500	1,9
1906	9985	4,9	20 454	10,1	41 439	20,4	23 900	11,8	17 000	8,4	14 249	7,0	8500	4,2	5 500	3
															5 500	2,7

III.
Das städtische Leihamt.

Der Plan, in Halle ein städtisches Leihamt zu gründen, tauchte im Jahre 1853 auf, als eines der bestehenden privaten Leihämter seinen Betrieb einstellte. Man wollte es mit einer städtischen Sparkasse verbinden und zu diesem Zweck die „Hallesche Sparkassengesellschaft" in städtische Regie übernehmen. Die Verhandlungen mit dieser zerschlugen sich jedoch, und da die städtischen Behörden fürchteten, daß die Einrichtung und der Alleinbetrieb des Leihhauses der Stadt, deren Mittel und Kredit ja damals unendlich bescheidener waren als heute, zu große Kosten verursachen könnte, so wurde der Plan wieder fallen gelassen. Schon 1855 erwies es sich aber als notwendig, ihn wieder aufzunehmen, da nur noch ein privates Leihhaus in der Stadt bestand und man infolgedessen offenbar eine Ausbeutung des armen, zum Versatz gezwungenen Volkes befürchtete. Nachdem beide städtische Körperschaften ihre Zustimmung gegeben hatten, wurde im Januar 1856 der Betrieb in einem zunächst mietsfrei zur Verfügung gestellten Raume des städtischen Ratskellergebäudes eröffnet. Die Stadt übernahm den Benutzern gegenüber volle Garantie für ordnungsgemäße Geschäftsführung. Die Oberaufsicht führte als Kurator ein von der Königlichen Regierung ernanntes Magistratsmitglied. Ein Statut regelte den Geschäftsgang und setzte insbesondere auch die Beleihungsgrenzen fest. Es wurde bestimmt, daß nur bewegliche Effekten im Mindestwerte von 10 Sgr. beliehen werden durften, und zwar Gold- und Silbersachen, Edelsteine und dergl. bis zu $^2/_3$, andere Gegenstände bis zu $^1/_2$ des Taxwertes. Das Jahr 1875 brachte die Einführung der Markwährung.

Das preußische Gesetz vom 17. März 1881 betr. das Pfandleihgewerbe, veranlaßte im Jahre 1882 den Erlaß eines neuen Statuts, das am 1. Oktober 1883 in Kraft trat. Im Juli 1889 siedelte das Leihamt nach einem eigenen, im Zentrum der Stadt mit einem Kostenaufwand von 200 000 Mk. neuerbauten Geschäftshause über. An Stelle des Kalenderjahres wurde 1897/98 das vom 1. April bis 31. März laufende Rechnungsjahr eingeführt.

III. Das städtische Leihamt.

Zu zwei Malen — 1864 und 1891/92 — ist das Leihamt durch die Untreue von Angestellten schwer geschädigt worden. In beiden Fällen handelte es sich um nebenamtlich tätige Taxatoren für Gold- und Silbersachen, die ihre Stellung dazu mißbrauchten, Übertaxierungen von unechten oder geringwertigen Schmuckgegenständen vorzunehmen, die von Komplicen zum Versatz gebracht und nicht eingelöst wurden.

Um einen Überblick über den Geschäftsverkehr des Leihamtes zu geben, sind in Tabelle 1 die Zahl der neu zum Versatz gebrachten, der wieder eingelösten, der in Auktionen verkauften und endlich der am Jahresschluß am Lager verbliebenen Pfänder zusammengestellt, ferner ihr Taxwert und die auf sie geliehenen Summen.

Die Zahl der Pfandobjekte stieg in den sechziger Jahren sehr schnell bis auf über 61 000, schwankte in den 70 er und 80 er Jahren zwischen 44 000 und 60 000 und erreichte ihr Maximum 1895 mit 64 748. Das Geschäftsjahr 1897/98, das 76 596 Pfandnummern aufweist, umfaßt $^5/_4$ Jahre, so daß der Versatz in ihm entsprechend größer als in normalen Jahren sein mußte. Seither hat der Versatz fast ununterbrochen nachgelassen. Nach der Höhe des ausgeliehenen Kapitals und des Taxwertes der Pfänder betrachtet, erreichte der Pfandverkehr bereits im Jahre 1870 sein Maximum.

Wichtiger als die absoluten Zahlen selbst ist jedoch ihre Beziehung zu den Einwohnerzahlen. In Tabelle 1, Spalte 14 ist daher berechnet, wieviel Verpfändungen auf je 100 Einwohner entfallen. Die Benutzungsziffer erreicht hiernach ihr Maximum im Jahre 1869 mit 118 und ist von dieser erschreckend hohen Zahl bis auf 20,9 im Jahre 1906/07 und 22,8 im Jahre 1907/08 herabgeglitten. Dieses Resultat ist in hohem Maße bemerkenswert. Man wird den Grund dafür nicht etwa in einer zunehmenden Konkurrenz seitens privater Leihämter suchen dürfen. Das eine der beiden außer dem städtischen Leihamt in Halle bestehenden privaten Leihämter ist bereits 1868 gegründet worden, das andere dagegen erst im Jahre 1906. In der Zwischenzeit haben zeitweilig noch andere private Leihämter bestanden, ohne sich aber auf die Dauer halten zu können. Im allgemeinen kann mit einer ziemlich gleichmäßigen Konkurrenz für das städtische Leihamt gerechnet werden, so daß ein erhebliches Schwanken der Benutzungsziffer unter ihrem Einfluß nicht anzunehmen ist. Auch der im Jahre 1883 erfolgten Erhöhung des Zinsfußes für die auf die Pfänder gewährten Darlehen kann eine entscheidende Bedeutung für den Rückgang der Benutzungsziffer nicht beigelegt werden, da dieser Rückgang einmal schon vorher einsetzte und dann auch die privaten Anstalten gleichzeitig zu dem erhöhten Zinsfuß übergingen. Man wird vielmehr mit einem hohen Grad von Gewißheit annehmen

Tabelle 1.

Jahr	Neue Pfänder			Eingelöste Pfänder			In Auktionen verkaufte Pfänder			Ende des Jahres auf Lager gebliebene Pfänder			Auf 100 Einwohner kamen Ver- pfändungen
	Zahl	darauf geliehen Mk.	Tagwert Mk.	Zahl	darauf geliehen Mk.	Tagwert Mk.	Zahl	darauf geliehen Mk.	Tagwert Mk.	Zahl	darauf geliehen Mk.	Tagwert Mk.	
1856	30 840	130 365			66 101		228	1 253		10 817³	68 013³	127 461³	
1857	37 091									11 683	64 265		
1858	28 503	167 664	316 889	26 705	134 324	272 436	— ²	— ²	— ²	15 506	97 677	180 800	81,4
1859		179 310	334 919	35 876	180 519	338 628	— ²	— ²	— ²	16 721	96 469	177 090	94,4
1860		135 104	253 781	30 786	143 481	270 817	— ²	— ²	— ²	14 438	88 092	160 055	70,6
1861	{28 595 31 095¹}	156 191 175 944¹	291 096 325 775¹	29 516 32 016¹	150 242 169 995¹	283 401 318 079¹				13 517	94 041	167 750	75,0
1862	29 631	161 063	301 612	30 458	162 231	301 756	— ²	— ²	— ²	12 690	92 873	167 606	62,0
1863		139 666	262 714		101 197					10 795	86 463	141 776	
1864	31 554	193 192	368 551	25 072	163 625	302 107	427	3 654	6 036	15 034	77 018	186 420	66,6
1865	44 640	270 514	516 932	26 888	167 256	317 871	217	1 198	2 214	23 563	99 300	290 367	92,6
1866	54 640	311 145	589 115	35 894	214 266	410 772	1375	11 701	20 418	28 874	154 351	326 868	107,5
1867	60 856	323 337	608 571	47 954	278 863	532 194	1527	10 937	19 800	28 299	174 933	300 948	118,5
1868	61 054	331 226	622 506	59 904	324 361	614 691	1427	8 142	14 949	28 263	162 972	303 567	118,0
1869	54 900	314 366	585 480	59 663	321 094	604 938	1576	8 199	15 227	27 900	164 961	317 832	105,0
1870	51 631	299 649	554 819	53 687	297 552	555 989	1905	10 332	19 008	25 871	173 577	291 800	98,0
1871	49 260	283 015	523 452	51 755	303 160	561 842	2434	14 226	26 700	21 050	159 734	237 142	90,0
1872	44 371	274 146	505 889	51 647	297 841	351 411	1667	9 937	18 321	18 790	130 682	224 394	78,0
1873	49 060	311 403	581 825	44 964	271 014	580 315	1315	8 017	14 464	21 204	123 876	259 875	83,4
1874	48 609¹	312 403	573 676	45 331	284 190	531 880	1888	11 533	21 004	22 220	143 074	286 967	79,5
1875	49 040¹	305 177	563 664	28 439	166 823	310 715	2252	12 995	23 447	23 509	159 320	287 075	78,5
1876	53 222¹	344 953	640 859	44 045	283 444	521 954	2597	16 324	29 355	27 823	157 536	351 729	84,2
1877	60 000¹	403 446	752 537	46 311 53 542	294 757 356 689	546 850 654 405	2907	18 686	34 048	31 374	191 408 219 479	405 813	92,3
1878													

III. Das städtische Leihamt.

Jahr													
1879	55 588[1]	369 789	689 437	51 825	345 852	644 488	3918	26 052	47 769	31 219	217 364	402 993	84,2
1880	52 600[1]	329 808	631 969	50 788	325 233	610 926	5175	32 883	61 694	27 856	191 982	362 342	73,6
1881	53 377[1]	331 271	619 632	52 009	323 950	611 785	3528	21 915	41 383	25 696	177 388	328 806	72,6
1882	51 480[1]	308 635	588 271	50 496	305 253	579 259	2718	17 376	32 364	23 962	163 394	305 454	68,3
1883	54 062	331 400	638 572	51 280	309 822	596 727	2418	15 143	28 316	24 326	169 829	318 983	70,0
1884	49 570	309 222	592 499	46 991	295 174	563 790	2431	14 302	27 165	22 474	169 575	320 527	61,7
1885	47 278	271 921	522 876	45 364	266 102	510 317	3474	22 652	43 582	22 914	152 742	289 504	57,5
1886	45 347[1]	245 058	473 894	44 714	245 252	472 546	2825	19 155	36 911	20 722	133 393	253 941	53,8
1887	48 323	264 745	513 504	45 197	247 584	478 426	2459	14 010	27 235	21 389	136 544	261 784	55,7
1888	49 360[4]	271 281	525 784	45 599	247 646	480 718	2731	15 442	30 366	22 419	144 737	276 484	54,7
1889	47 771	265 817	514 243	45 588	252 719	490 319	2874	16 687	32 548	21 728	141 148	267 860	51,0
1890	51 888	292 429	563 995	48 018	265 723	514 168	2882	15 635	30 827	22 716	152 219	286 860	50,8
1891	58 898	327 089	644 675	50 774	277 796	547 010	3596	37 879	63 237	27 244	163 633	321 288	53,8
1892	58 603	297 326	582 718	54 154	283 570	554 613	4410	24 567	48 498	27 283	152 822	300 895	52,3
1893	50 808	236 973	460 654	48 575	228 057	446 359	5192	27 801	54 989	24 324	133 937	260 201	44,8
1894	57 971	268 132	522 368	50 908	234 853	456 435	3800	18 375	35 901	27 587	148 841	290 233	51,2
1895	64 748	304 324	595 692	58 710	274 641	532 939	4625	19 115	36 389	29 000	159 409	316 597	55,8
1896	63 953	301 641	588 705	60 845	281 033	549 998	4733	19 825	38 912	27 375	160 192	316 392	53,2
1897	61 583												
1897/98	76 596	391 331	764 092	71 721	361 375	705 835	5348	23 223	45 358	26 902	166 925	329 291	50,0
1898/99	59 161	312 623	613 872	57 523	295 269	578 842	3782	19 897	38 215	24 758	164 387	326 106	46,7
1899/00	57 052	291 869	574 038	55 002	288 392	566 059	3464	20 203	39 553	23 343	147 645	294 532	44,1
1900/01	56 908	306 707	603 619	52 415	278 225	548 495	3075	16 016	31 237	24 761	160 111	318 419	36,3
1901/02	52 180	282 773	555 165	50 124	270 057	530 543	3194	17 368	34 049	23 623	155 459	308 992	32,9
1902/03	47 890	273 941	536 894	46 102	257 611	506 132	2818	14 449	28 239	22 633	157 340	311 515	30,1
1903/04	42 529	255 449	500 538	42 640	249 998	491 489	2498	14 860	28 919	20 024	147 931	291 645	26,3
1904/05	44 495	262 617	517 382	41 475	242 067	477 087	1874	11 579	22 464	21 134	156 902	309 476	26,7
1905/06	44 315	284 759	562 565	42 658	250 924	494 480	2286	13 699	26 814	20 505	177 038	350 747	26,1
1906/07	36 480	258 070	511 678	35 740	247 919	491 129	2325	17 098	33 711	18 920	170 091	337 585	20,9
1907/08	40 352	288 859	570 633	35 659	257 334	509 600	2141	17 360	34 119	21 472	184 256	364 499	22,8

[1] Inkl. Erneuerungen. [2] Bei den eingelösten Pfändern enthalten. [3] 1. Dezember.
[4] Dabei die umgeschriebenen Pfänder.

Schriften 129. Achtes Heft. — Gemeindebetriebe II. 8.

dürfen, daß die Frequenz im wesentlichen nur durch die **wirtschaftliche Lage** der arbeitenden Bevölkerung beeinflußt worden ist, so daß also das Sinken der Benutzungsziffer des Leihhauses als ein Beweis für die Besserung der Lebensverhältnisse der ärmeren Bevölkerungsschichten anzusehen ist. Diese Auffassung wird auch dadurch unterstützt, daß die beiden größeren Unterbrechungen der Abwärtsbewegung zeitlich mit den wirtschaftlichen Rückschlägen der siebziger und neunziger Jahre zusammenfallen, so daß also auch hier der Zusammenhang zwischen der Benutzung des Leihamtes und dem Wirtschaftsleben zu erkennen ist. Auch die soziale Gesetzgebung der achtziger Jahre und der Ausbau der Armenfürsorge in Halle hat unzweifelhaft zu dem Rückgange der Benutzungsziffer beigetragen.

Die große Mehrzahl der Pfänder gelangt, wie Tabelle 1, Spalte 5—7 zeigt, wieder zur Einlösung, ohne daß hieraus jedoch geschlossen werden darf, daß es den Schuldnern in allen Fällen wirklich gelingt, sich aus ihrer Notlage herauszuarbeiten. In vielen Fällen wandert das Versatzstück vom Leihamt zum Trödler, oder es wird auch der Pfandschein weiter verkauft, so daß das Pfand dem ursprünglichen Besitzer endgültig verloren geht. Obwohl die Nichteinlösung der Pfänder für die Schuldner stets einen Verlust bedeutet, kommt alljährlich ein Teil von ihnen doch zum Verfall und muß in Auktionen verkauft werden (Tabelle 1, Spalte 8—10). Wie die nachstehende Zusammenstellung erweist, hat er in den letzten Jahrzehnten beständig 5—6 % der eingelösten Pfänder betragen.

In Auktionen verkaufte Pfänder in Prozenten der eingelösten Pfänder:

Jahr	der Zahl nach	dem Leihkapital nach
1870	2,9	2,8
1880	10,2	10,1
1890	6,0	5,9
1900/01	5,9	5,8
1905/06	5,4	5,5
1907/08	6,0	6,8

Über die Verteilung der Kundschaft des Leihamtes auf die Berufe liegen keine genauen Angaben vor. Nach Angabe der geschäftsführenden Beamten sind „alle Kreise" in ihr vertreten. In der Hauptsache rekrutiert sie sich natürlich aus den ärmsten Schichten der Bevölkerung, vielfach treten aber auch selbständige Handwerker und kleine Geschäftsleute den Gang zum Leihhaus an, um sich durch Lombardierung von Waren über vorübergehende Schwierigkeiten hinwegzuhelfen.

III. Das städtische Leihamt.

Über die verpfändbaren Gegenstände und die darauf zu gewährenden Darlehen bestimmen die §§ 12 und 13 des geltenden Reglements:

§ 12. „Die Anstalt gibt in der Regel auf alle beweglichen Wertobjekte Darlehen. Ausgeschlossen von der Annahme sind jedoch:
a) alle diejenigen Gegenstände, deren Taxwert weniger als zwei Mark beträgt,
b) Sachen, welche einen unverhältnismäßig großen Raum einnehmen oder einer besonderen Pflege und Wartung bedürfen würden oder leicht und schnell dem Verderben unterworfen oder gefahrdrohend sind,
c) militärische Ausrüstungs= und Bekleidungsgegenstände,
d) sämtliche Wertpapiere, Sparkassenbücher und =scheine, sowie Hypothekendokumente."

§ 13. „Auf die nach § 12 des Reglements als Pfänder anzunehmenden Gegenstände gibt die Anstalt Darlehen, und zwar stets auf ein Jahr. Diese Darlehen werden von Mark zu Mark abgerundet und betragen:
a) auf Gold und Silber bis zu 45 Mk. Taxwert $2/3$, von 45 Mk. Tax= aufwärts bis zu $3/4$ desselben,
b) auf alle übrigen Gegenstände die Hälfte des Taxwertes".

Die verpfändeten Gegenstände gehören innerhalb der durch das Statut gezogenen Grenzen den verschiedensten Gebieten an. Gold= und Silberwaren sind stark vertreten. In zahlreichen Jahresberichten wird aber auch berichtet, daß Gegenstände des täglichen Gebrauches beliehen wurden. Im Kriegsjahre 1866 heißt es: „Der Versatz bestand fast nur aus den notwendigsten Gegenständen für das menschliche Leben, wie Betten, Kleidungsstücke und Wäsche ... Der überaus hohe Versatz läßt die Bedrängnis erkennen, in welche Krieg und Cholera, zu einem nicht geringen Teil aber auch die zunehmende Vergnügungssucht einen großen Teil der Bevölkerung versetzt haben." Über den durchschnittlichen Taxwert der verpfändeten Gegenstände und die Durchschnittshöhe der darauf bewilligten Darlehen gibt die nachstehende Aufstellung eine Übersicht:

Jahr	Taxwert Mk.	Darlehn Mk.	Jahr	Taxwert Mk.	Darlehn Mk.
1858	10,30	5,45	1880	12,—	6,25
1860	8,90	4,75	1890	10,85	5,65
1868	10,—	5,30	1900/01	10,60	5,40
1870	10,70	5,75	1905/06	12,70	6,40
1873	11,40	6,20	1906/07	14,—	7,10
1878	12,55	6,75	1907/08	14,10	7,15

Die finanziellen Ergebnisse waren in den Jahren nach der Gründung nicht ungünstig. Das Defizit des ersten Jahres von 6413 Mk. wurde schon im dritten Jahre vollständig gedeckt und allmählich konnte ein Reservefonds gebildet werden, der sich 1871 auf 27 303 Mk. belief. Von diesem Jahre an war es aber zunächst nicht mehr möglich, Reingewinne zu erzielen, da die Verwaltungskosten, besonders infolge höherer Mietsausgaben, beträchtlich gestiegen waren und sich z. B. 1875 auf 17 510 Mk. beliefen, zu denen noch 6129 Mk. Verzinsung des geliehenen Betriebskapitals traten, während an Pfandkapitalzinsen nur 20 826 Mk. eingingen. Erst das neue Statut von 1883 brachte einen Umschwung, da es an Stelle des bisherigen Zinsfußes von $12^{1}/_{2}$ % den durch das Gesetz vom 17. März 1881, betreffend das Pfandleihgewerbe, erlaubten höheren einführte. § 17 des Statuts besagt:

„Für die .... gezahlten Darlehen erhebt die Anstalt nach Maßgabe der §§ 1, 2 und 7 des Gesetzes vom 17. März 1881 an Zinsen:
a) zwei Pfennig für jeden Monat und jede Mark vom Darlehnsbetrage bis zu 30 Mk.,
b) einen Pfennig für jeden Monat und jede den Betrag von 30 Mk. übersteigende Mark,

und zwar wird als Minimum derselben für jedes Pfand ein zweimonatlicher Betrag ausbedungen."

Der Zinssatz stellt sich hiernach für Darlehen bis 30 Mk. auf 24 %, um für höhere Darlehen allmählich fallend sich asymptotisch 12 % anzunähern. Es sind beispielsweise bei 40 Mk. 21 %, bei 50 Mk. 19,2 % und bei 100 Mk. 15,6 % zu zahlen. Die Jahre 1884—1889 brachten daher erhebliche Reingewinne von 13 000—14 000 Mk., bis die Erbauung des eigenen Gebäudes mit einem Kostenaufwand von 200 000 Mk. und die Notwendigkeit, diese Summe zu verzinsen und zu amortisieren, die Verwaltungskosten von rund 20 000 Mk. im Jahre 1888 auf über 30 000 Mk. im Jahre 1890 und 35 400 Mk. im Jahre 1891 heraufsetzte. Seither sind diese Ausgaben annähernd stabil geblieben. Im Durchschnitt der letzten fünf Jahre erforderte der Verwaltungsapparat rund 33 000 Mk. jährlich, zu denen noch rund 5900 Mk. Zinsen hinzutreten. Dieser Ausgabe von zusammen rund 38 900 Mk. jährlich standen als Einnahmen rund 38 690 Mark Pfandkapitalzinsen und 1050 Mk. verfallener Auktionserlös, zusammen rund 39 740 Mk. gegenüber, so daß die letzten Jahre nur noch einen sehr geringen Reinertrag gebracht haben.

Die Verwendung der Überschüsse wird durch § 4 des Statuts geregelt; er lautet:

III. Das städtische Leihamt.

„Die bei der Anstalt sich ergebenden Überschüsse werden in Gemäßheit der Beschlüsse der städtischen Behörden vom 27. September 1864 und 26. März 1866 fernerweit zunächst zur Bildung eines Reservefonds bis zur Höhe von 36 000 Mk. verwendet. Derselbe ist dazu bestimmt, unverzinslich im Geschäft mitzuarbeiten und etwaige Verluste der Anstalt zu decken. Die nach Berechnung dieses Reservefonds bezw. nach eventueller Ergänzung desselben auf die angegebene Höhe, also über denselben hinaus sich ergebenden Überschüsse werden der Ortsarmenkasse überwiesen."

Die für den Reservefonds vorgesehene Höhe von 36 000 Mk. wurde im Jahre 1885 erreicht; im Jahre 1891 und in den folgenden Jahren mußte der Fonds zur Deckung der durch die bereits erwähnten Betrügereien entstandenen Verluste benutzt werden, so daß er 1894 nur noch mit 4821 Mk. nachgewiesen wurde. Erst im Jahre 1900/01 war er wieder in vollem Umfange vorhanden, so daß im Jahre 1902/03 wieder die Überweisungen an die Armenkasse aufgenommen werden konnten. Sie betrugen in den Jahren:

1902/03	1903/04	1904/05	1905/06	1906/07	1907/08	1908/09
2653	1490	1013	2135	3974	3265	2827 Mk.

Der Wert des Grundstücks ist in der Bilanz von 1906/07 mit 200 000 Mk., die des Mobiliars mit 12 000 Mk. angesetzt, die auf dem Gebäude lastende Schuld belief sich auf 159 624 Mk.

Das Betriebskapital wurde bei der Begründung der Anstalt von der Sparkassengesellschaft der städtischen Sparkasse und der Stadtkasse geliehen. Nach einigen Jahren wurde die städtische Sparkasse zum alleinigen Geldgeber des Leihamtes und ist dies seitdem auch geblieben, so daß ein ständiger reger Geldverkehr zwischen beiden Instituten bestanden hat. Das geliehene Betriebskapital stellte sich in den letzten 10 Jahren auf durchschnittlich 149 110 Mk. jährlich, für die im Durchschnitt 5796 Mk. jährlich = 3,88 % Zinsen bezahlt wurden. Als Betriebskapital ist auch der Reservefonds tätig, für den statutengemäß keine Zinsen in Anschlag gebracht werden dürfen. In den geringen Überschüssen der letzten Jahre ist also noch die Verzinsung des Reservefonds mitenthalten. Die im Durchschnitt der Jahre 1902/03 bis 1908/09 an die Armenkasse überwiesenen 2480 Mk. stellen eine Verzinsung desselben mit 6,7 % dar, die auf 3,8 % zurückgeht, wenn man die verfallenen Auktionsüberschüsse außer Betracht läßt, d. h. nur die aus dem regulären Geschäft erzielten Gewinne berücksichtigt.

Die auf dem Umweg über die Armenkasse erfolgende Entlastung der Stadtkasse reiht das Leihamt ebenfalls in die Klasse der Einnahmebetriebe

Tabelle 2: **Finanzielle Ergebnisse.**

Jahr	Von den Verwaltungseinnahmen flossen aus Pfandkapitalzinsen Mk.	Auktionsüberschüssen u. dgl. Mk.	Verwaltungskosten u. ähnl. eqtl. Zinsen Mk.	Zinsen f. geliehenes Betriebskapital Mk.	Reingewinn Mk.	davon an die Ortsarmenkasse Mk.	Ende des Jahres betrugen die Aktiva Mk.	die Passiva Mk.	das Vermögen Mk.	der Reservefonds Mk.	Sonstiges geliehenes Betriebskapital Mk.
1856	2 478	241	4 231	2091	675	—	74 886	81 300	—6 413	241	81 600
1857	—	—	—	—	—	—	—	—	—	—	—
1858	9 627	389	957	3891	5318¹	267²	115 767	111 178	4 590	578	29 100
1859	14 254	398	742	4400	3700¹	436²	114 040	105 015	9 024	750	104 500
1860	14 318	380	2 337	4062	3335	243²	103 794	92 262	11 532	—	91 200
1861	12 424	491	2 789	4042	4071	264²	102 315	96 276	14 867	—	94 800
1862	15 192	143	6 166	2748	2857	335²	99 936	92 852	16 103	—	89 400
1863	12 576	345	2 296	4958	(—1986)	—	93 751	84 262	9 486	2 663	18 300
1864	10 434	—	7 429	3378	—	453²	82 200	74 700	7 502	0	74 700
1865	11 817	237	7 701	3564	3101	627²	108 104	97 737	10 366³	(neugebildet) 237	97 500
1866	14 435	141	13 173	5494	836	183²	167 135	155 975	11 160³	280	154 500
1867	24 287	—	18 276	7696	920	292²	189 882	177 801	12 081³	201	177 600
1868	26 805	267	14 346	7383	4676	—	174 158	158 084	16 074³	884	157 200
1869	24 341	—	15 279	7030	2945	—	176 973	157 953	19 019³	1 654	156 300
1870	24 287	—	15 050	7257	3596	—	187 769	165 112	22 656³	1 612	163 500
1871	25 757	212	14 901	6769	3033	—	172 878	145 575	27 303	=Reservef.	145 500
1872	23 160	—	{+488 / 15 366}	5802	—	—	142 197	114 600	27 597	„	114 600
1873	20 174	391	{489 / 14 909}	4625	—	—	135 044	107 700	27 344	„	107 700
1874	19 005	252	{258 / 16 200}	5049	—	—	153 160	126 600	26 560	„	126 600
1875	20 826	—	{300 / 17 210}	6129	—	—	173 853	148 200	25 653	„	148 200
1876	23 033	—	{329 / 17 378}	6682	—	—	170 266	145 100	25 166	„	145 100
1877	23 878	—	{306 / 18 888}	7257	—	—	207 917	182 700	25 217	„	182 700
1878	28 233	—	{348 / 19 036}	8897	—	—	236 295	208 920	27 375	„	208 200

III. Das städtische Leihamt.

Jahr										
1879	28 380	—	19 315	9 677	—	236 538	208 600[8]	27 938	27 938	208 600
1880	26 975	—	17 981	8 678	—	208 839	184 600	24 239	24 239	184 600
1881	25 741	—	19 259	7 231	—	191 981	169 000[3]	22 981	22 981	169 000
1882	25 959	23	21 462	6 649	—	178 672	158 500[3]	20 172	20 172	158 500
1883	25 513	308	20 599	6 584	1 063	186 835	165 600	21 235	21 235	165 600
1884	31 180	?	21 272	6 529	13 594	192 929	158 100	34 829	34 829	158 100
1885	40 103	?	(+501, +17 957, +342)	6 024	14 764	176 693	127 101	49 592	36 000	125 800
1886	37 831	1 062	17 840	4 420	—	154 756	104 863	49 894	36 000[5]	103 100
1887	35 058	1 639	19 556	4 159	—	157 537	107 861	49 676	36 000	106 100
1888	34 189	1 544	19 967	4 431	—	167 397	118 569	48 827	36 000	117 400
1889	36 156	985	24 356	4 711	—	160 225	115 884	44 340	36 000	114 500
1890	34 770	1 144	30 186	4 884	—	172 494	133 616	38 878	36 000	131 900
1891	37 143	1 377	30 053	6 254	—19 766	186 240	167 128	19 112	19 112	162 700
1892	36 872	2 098	35 407	7 050	800	178 996	160 684	18 313	18 313	159 800
1893	33 594	659	32 507	6 002	9 505	154 893	146 086	8 807	8 807	144 600
1894	32 858	1 135	32 850	6 133	3 986	170 211	165 390	4 821	4 821	164 000
1895	36 663	1 165	32 398	6 811	1 876	184 392	177 695	6 697	6 697	176 100
1896	39 817	1 481	32 983	6 212	2 828	184 330	174 805	9 525	9 525	172 900
1897/98	50 591	1 963	37 615	7 636	8 635	194 019	175 859	18 160	18 160	174 400
1898/99	42 113	1 249	31 066	5 860	(9 301) 6 620	397 486[7]	338 551[7]	58 935	24 780	159 300
1899/00	41 814	1 293	31 519	5 723	5 117	382 309	315 482	66 827	29 896	138 800
1900/01	38 611	1 314	32 198	5 660	3 924	394 136	320 512	73 623	33 821	147 000
1901/02	40 168	1 174	30 993	5 582	(7 806) 4 833	178 878 (390 877)	140 224 (390 449)	81 429	36 000	139 000
1902/03	39 283	1 020	34 230	5 668	(4 566) 2 653	180 664 (392 664)	143 175 (309 321)	83 343	36 000	142 000
1903/04	39 034	1 080	33 115	5 436	+3 223 (−3 516) 1 490[4]	171 281 (383 281)	134 268 (303 455)	79 826	36 000	133 000
1904/05	36 397	1 051	31 444	5 214	(4 200) 1 013[4]	177 316 (389 316)	139 181 (305 289)	84 027	36 000	138 000
1905/06	38 322	1 043	32 102	6 069	(5 012) 2 135[4]	202 116 (414 116)	162 156 (325 077)	89 039	36 000	161 000
1906/07	39 585	995	33 351	6 349	(2 589) 3 974[4]	196 495 (408 495)	157 229 (316 853)	91 641	36 000	156 000
1907/08	40 125	1 074	35 007	6 397	3 265[4] 2 827	217 218 (429 218)	178 392 334 602	94 616	36 000	177 000

[1] Inkl. 747 Mk. Amortisation. — [2] Überschüsse von verfallenen Pfändern. — [3] Evtl. Reservefonds. — [4] Aus dem Vorjahre stammend. — [5] Im Vermögen enthalten. — [6] Zeitraum von 5/4 Jahren. — [7] Einschließlich Grundstück und Mobiliar bzw. der Grundstückschuld.

ein, wenn auch seine Bedeutung für die städtischen Finanzen nur gering ist. Es liegt in der Natur des Institutes begründet, daß an eine Erzielung von höheren Überschüssen auf Kosten der Pfandschuldner nicht gedacht werden kann, im Gegenteil wäre eine Ermäßigung des hohen Zinsfußes sehr zu wünschen. Würde eine solche vorgenommen, so würde sich vermutlich der Umsatz auf Kosten der privaten Leihhäuser steigern, so daß der Einnahme=ausfall, da die Generalkosten sich nur unwesentlich erhöhen würden, wieder ausgeglichen werden könnte. Für die privaten Leihhäuser, von denen gegen=wärtig zwei bestehen, soll der gesetzlich zulässige Zinssatz einen guten Ver=dienst ermöglichen; sie haben naturgemäß mit einem kleineren und weniger kostspieligen Spesenapparat zu rechnen als das städtische Institut und können wohl auch in geschmeidigerer Anpassung an die individuellen Verhältnisse die Beleihungsgrenze in einzelnen Fällen höher an den Schätzungswert rücken, so daß die Zinseinnahmen auch entsprechend höher ausfallen.

IV.
Der Schlacht- und Viehhof.

Halle war — nach statistischer Einteilung wenigstens — schon in die Reihe der Großstädte eingetreten, als es sich zur Errichtung eines Schlachthofes entschloß, mit dem ein Viehhof verbunden wurde. Als beide Anstalten am 9. Januar 1893 eröffnet wurden, zählte die Stadt bereits rund 110 000 Einwohner. Die in der Nähe des Güterbahnhofs liegenden und mit Eisenbahnanschluß versehenen Anstalten erforderten zu ihrer Errichtung einen Kostenaufwand von 2 399 250 Mk., wovon 1 743 607 Mk. auf den Schlachthof und 655 643 Mk. auf den Viehhof entfielen. Von den mannigfachen Erweiterungen und Verbesserungen der Folgezeit erwähnen wir die Errichtung einer elektrischen Beleuchtungsanlage im Jahre 1904, die Erweiterung der Sanitätsanstalt zum Schlachten von krankem Vieh im Jahre 1905 und die neuerdings erfolgte Errichtung einer Lymphanstalt, die an den preußischen Fiskus weiterverpachtet worden ist. Die Verwaltung wurde einer gemischten siebenköpfigen Deputation (Kuratorium) unter dem Vorsitze eines Stadtrates unterstellt. Die eigentliche Geschäftsführung wurde einem Tierarzt als Direktor übertragen. Das weitere Personal bestand 1893 aus 2 Tierärzten, 20 Trichinenschauern, 2 Probenehmern, 2 Beamten zur Buch- und Kassenführung, 1 Pförtner, 4 Aufsehern, 4 Maschinisten und Dampfkesselwärtern und einer größeren Anzahl von Arbeitern. Es hat sich seither auf 4 Tierärzte, 30 Trichinenschauer, 2 Probenehmer, 3 Verwaltungsbeamte, 4 Aufseher, 5 Maschinisten usw. und 31 Arbeiter gehoben. Auffällig ist der fast alljährlich mitunter sogar zwei- und dreimal eintretende Wechsel in der Besetzung der Tierarztstellen, der dem Anscheine nach auf die geringe Dotierung dieser Posten zurückzuführen ist. „Am 1. 4. 1903," heißt es in dem Verwaltungsbericht für 1903/04, „gaben die beiden Assistenztierärzte . . . . ihre Stellungen auf, um einträglichere Stellungen . . . . zu übernehmen. Sie wurden durch die beiden Tierärzte . . . . ersetzt. Beide schieden aber schon nach kurzer Zeit wieder aus, um sich ebenfalls zu verbessern. Die städtischen Körperschaften sahen sich infolgedessen veranlaßt, auf Vorschlag des Kuratoriums die Gehälter der Assistenztierärzte von 1800 auf 2400 Mk. zu erhöhen." Die Kassenführung und Rechnungslegung geschieht für beide Anstalten getrennt, wobei die Verrechnung für die gemeinsamen sachlichen und persönlichen Kosten derart geschieht, daß von dem Schlachthof ⁷/₈ und von dem Viehhof ¹/₈ dieser Kosten getragen werden.

Die Benutzung des Schlachthofes war, da die Fleischer durch Ortsstatut zu seiner Inanspruchnahme angehalten wurden, von Anfang an eine zufriedenstellende. Kleine Rückschläge, veranlaßt durch den wieder auf die wirtschaftlichen Verhältnisse und die Viehpreise zurückzuführenden schwankenden Fleischkonsum, blieben nicht aus, im großen ganzen zeigt sich aber eine stetige Zunahme in der Gesamtzahl der Schlachtungen, die sich allerdings nicht gleichmäßig auf die einzelnen Vieharten verteilt. Die nachstehende Tabelle enthält die spezialisierten Angaben.

Schlachtungen.

Jahr	Rindvieh	Kälber	Schafe, Ziegen	Schweine	Spanferkel, Zicklein	Pferde, Esel	Hunde	Zusammen
1893	1 681	3 628	3 376	5 313	—	163	—	14 161
1893/94	7 539	15 262	14 623	32 319	16	860	3	70 622
1894/95	7 348	13 450	15 162	31 698	73	742	3	68 476
1895/96	7 463	14 105	14 690	30 993	98	876	1	68 226
1896/97	8 211	15 182	15 399	35 861	127	1646	1	76 427
1897/98	8 626	15 689	15 635	34 660	169	2195	1	76 975
1898/99	9 212	16 714	16 112	34 546	129	2650	—	79 363
1899/1900	9 430	16 649	16 576	37 743	194	2570	1	83 163
1900/01	10 289	17 889	17 049	41 418	217	2660	2	89 524
1901/02	10 505	18 222	17 207	37 211	116	2987	3	86 251
1902/03	10 268	16 532	17 373	38 622	87	2633	2	85 517
1903/04	10 152	16 576	16 596	45 622	678	2125	2	91 758
1904/05	10 791	16 327	15 530	47 652	500	2201	—	93 001
1905/06	11 107	15 328	17 318	43 106	261	3123	1	90 244
1906/07	10 925	15 335	16 277	45 341	168	3124	—	91 470
1907/08	10 798	15 825	15 491	53 179	235	2718	—	98 246

Setzt man in dieser Tabelle die Anfangszahlen (1893/94) gleich 100 und bezieht hierauf die Endzahlen (1907/08), so ergeben sich: für Rinder 144, für Kälber 104, für Schafe 106, für Schweine 165, für Pferde 315 und für die Gesamtschlachtungen 140. Die Gesamtzahl der Einwohner der Stadt hat in demselben Zeitraum im Verhältnis 100 : 160 zugenommen, also etwa in demselben Verhältnis wie die Zahl der Schweineschlachtungen. Wenn die Zahl der Gesamtschlachtungen hinter diesem Verhältnis zurückgeblieben ist, so mag dies einmal darauf zurückzuführen sein, daß die Eingemeindung von engbenachbarten Vororten, die ihren Fleischbedarf zum Teil schon vor der Eingemeindung aus dem städtischen Schlachthause deckten, keine

IV. Der Schlacht- und Viehhof.

ebenso starke Zunahme der Schlachtungen wie der Bevölkerung bringen konnte und dann auch darauf, daß diese Vororte vorwiegend Arbeiterbevölkerung enthielten, deren Fleischkonsum an sich verhältnismäßig gering ist. Eine besondere Erhöhung der Frequenz des Schlachthofes wird dadurch herbeigeführt, daß die jüdischen Schlächter aus dem benachbarten Leipzig ihre Schlachtungen auf dem Halleschen Schlachthofe vornehmen, da Schlachtungen nach jüdischem Ritus in Leipzig verboten sind. Die Mehreinnahme der Stadt hieraus ist nicht unbedeutend, da z. B. im Jahre 1907/08 bei den Rindern 995 = 9,2 %, bei den Kälbern 1380 = 8,7 % der Gesamtzahl auf diese Schlachtungen entfiel.

Weit ungünstiger waren die Resultate bei dem Viehhof, der seit seiner Gründung das Sorgenkind unter den städtischen Betrieben gewesen ist. Ein Zwang zu seiner Benutzung wie bei dem Schlachthofe konnte nicht ausgeübt werden. Die Viehhändler wollten naturgemäß von der Benutzung ihrer Handelsställe nicht abgehen, und die Fleischer blieben ihrer alten Gewohnheit treu, das Vieh selbst auf dem Lande einzuhandeln. Dazu kam, daß sich auf der Tränkstation des Güterbahnhofes seit altersher ein Viehhandel eingebürgert hatte, der dem Viehhofe empfindliche Konkurrenz bereitete und über den alljährlich in den Verwaltungsberichten lebhaft geklagt wird. Vorstellungen bei der Eisenbahnbehörde, die ihn unterdrücken sollte, hatten keinen Erfolg. Auch ein Markt mit Magervieh und Ferkeln, der eingerichtet wurde, konnte sich nicht recht einbürgern, weil ihm die Märkte auf dem Roßplatz und dann auch der Hausierhandel mit Ferkeln scharfe Konkurrenz bereitete. Die Marktgebühren, die sich als zu hoch erwiesen hatten, wurden deshalb schon im Eröffnungsjahre erheblich herabgesetzt, ohne daß damit zunächst irgend ein Erfolg erzielt worden wäre. Es trat im Gegenteil 1895/96 und in den folgenden Jahren noch ein starker Rückschlag in der Frequenz ein, und erst von 1901 ab ist eine stärkere Zunahme in der Benutzung des Viehhofes zu verzeichnen, die besonders stark im letzten Berichtsjahr 1907/08 gewesen ist. Genauere Angaben über den Auftrieb und seine Verteilung auf die einzelnen Viehsorten enthält die nachstehende Tabelle.

(Siehe die Tabelle S. 44.)

Wie sehr aber die Inanspruchnahme des Viehhofes gegenüber der des Schlachthofes zurückgeblieben ist, zeigt die nachstehende Zusammenstellung. Von je 100 im Schlachthof geschlachteten Tieren passierten nämlich den Viehhof

im Jahre	Rinder	Kälber	Schafe	Schweine	Gesamtzahl der Schlachtungen
1893/94	15	9	27	57	35
1900/01	43	18	16	39	30
1907/08	48	29	33	64	50

Auftrieb auf den Viehhof.

Jahr	Rinder	Kälber	Schafe	Schweine	Zusammen
1893	445	447	1551	2 116	4 559
1893/94	1144	1380	3909	18 564	24 997
1894/95	4037	1125	1550	20 999	27 711
1895/96	1109	1348	465	11 484	14 406
1896/97	2143	1178	1846	12 571	17 738
1897/98	2731	1569	2962	12 207	19 469
1898/99	3396	2104	3110	14 927	23 537
1899/1900	3696	2439	3156	17 148	26 439
1900/01	4404	3299	2656	16 177	26 536
1901/02	5322	3766	3756	17 432	30 276
1902/03	5321	3437	2684	19 069	30 511
1903/04	4488	3648	3213	22 480	33 829
1904/05	5149	3468	3500	25 609	37 776
1905/06	4812	3834	4614	24 281	37 541
1906/07	4939	4015	5011	26 093	40 058
1907/08	5230	4575	5184	34 107	49 096

Die Tabelle zeigt deutlich, daß der Viehhof auch heute noch weit davon entfernt ist, dem Schlachthof sein gesamtes Material zu liefern. Sie läßt auch erkennen, wie verschieden die Handelsgebräuche bei den einzelnen Schlachtvieharten sind, wie besonders bei den Kälbern und Schafen offenbar das Aufkaufen auf dem Lande seitens der Fleischer noch überwiegt, während bei den Schweinen das Handelsgeschäft sich heute schon überwiegend und bei den Rindern fast zur Hälfte im Viehhofe abspielt. Sie lehrt endlich, wie schwierig es ist, alteingewurzelte Handelsgebräuche durch Verwaltungsmaßnahmen auszurotten. Zu diesen Maßnahmen ist auch zu rechnen, daß 1896/97 bestimmt wurde, daß auf dem Schlachthofe von der Straße erst nach 8 Uhr Vieh eingebracht werden dürfe, wodurch sich immerhin mancher Fleischer veranlaßt gesehen haben mag, sein Vieh schon vorher auf dem Viehhofe einzustellen. Der Wunsch nach einer Ausnutzung der großen Räumlichkeiten führte im Jahre 1899/1900 dazu, die Großviehmarkthalle an die Garnisonverwaltung und vom 1. September 1900 ab an die Genossenschaft für Viehverwertung zu vermieten.

Bei der Festsetzung der Gebühren sind die Städte bekanntlich durch das Kommunalabgabengesetz von 1895 beschränkt, wonach Gebühren nur bis zu einer solchen Höhe erhoben werden dürfen, „daß durch ihr jährliches Aufkommen die Kosten der Unterhaltung der Anlage und des Betriebes, sowie ein Betrag von 8 % des Anlagekapitals und der etwa gezahlten Entschädigungssumme gedeckt werden." Es wird sich zeigen, daß man

IV. Der Schlacht- und Viehhof.

auch in Halle bis hart an diese obere Grenze herangegangen ist. Es betrugen die Schlachtgebühren:

	ab 1893	1895/96	1901/02		
für Ochsen und Bullen	4,—	5,—	4,50	Mk. pro Stück,
„ Kühe	3,50	4,50	4,—	„ „ „
„ Kälber	1,—	1,10	1,—	„ „ „
„ Schafe und Ziegen	0,75	0,90	0,80	„ „ „
„ Schweine (einschließlich 0,75 Mk. Trichinenschaugebühr)	3,—	3,25	3,—	„ „ „
„ Pferde	4,—	4,—	3,60	„ „ „
„ Hunde	0,50	0,50	0,50	„ „ „

Die Untersuchungsgebühren für das dem Schlachthof direkt zugeführte Vieh betrugen:

	ab 1893	1895/96		
für Rinder	1,50	1,—	Mk. pro Stück,
„ Kälber	0,40	0,40	„ „ „
„ Schafe und Ziegen	0,30	0,30	„ „ „
„ Schweine	0,75	0,50	„ „ „

Für den Viehhof besteht eine gesetzliche Höchstgrenze der Gebühren nicht, eine solche wird aber von selbst dadurch gezogen, daß zu hohe Gebühren von der Benutzung des Viehhofes noch mehr abschrecken würden. Die Marktgebühren betrugen:

	ab 9. Jan. 1893	ab 1. Dez. 1893		
für Rinder	1,50	1,—	Mk. pro Stück,
„ Kälber		0,40	„ „ „
„ Schweine	0,75	0,50	„ „ „
„ Schafe		0,30	„ „ „

Die finanziellen Ergebnisse des Schlachthofes sind in nachstehender Tabelle zusammengestellt.

(Siehe die Tabelle S. 46.)

Bei den in Spalte 2 wiedergegebenen Gesamteinnahmen sind, soweit sich dies ermöglichen ließ, alle durchlaufenden und rein rechnerischen Posten, ebenso die aus den Vorjahren übernommenen Bestände ausgeschieden worden[1], da es darauf ankam, lediglich die Betriebseinnahmen der laufenden Jahre zu erhalten. Spalte 3 gibt an, wieviel von diesen Einnahmen auf Gebühren entfallen. Der Rest der Einnahme stammt aus Mieten, Einnahmen aus dem Verkauf von Eis, Dünger, Blut usw. Sein Anteil an den Ge-

---

[1] Eine ganz genaue Ausschaltung war nicht immer möglich, weil bei den Einnahme- und Ausgabeübersichten des Schlachthofes manche Posten nicht detailliert, sondern mit anderen zusammen erscheinen.

Ergebnisse des Schlachthofes.

Jahr	Einnahme		Ausgaben				An die Stadthauptkasse	Wirklicher Überschuß (s. S. 47)
	Gesamt	davon Gebühren	Gesamt	davon für				
				Verzinsung der Baukosten	Tilgung	Erneuerungsfonds		
	Mk.	Mk.	Mk.	Mk.	Mk.	Mk.		
1	2	3	4	5	6	7	8	9
1893	47 004	43 210	47 590	19 323	3 965	—	—	
1893/94	228 148	212 309	227 562	84 832	16 967	28 008	—	
1894/95	214 702	205 305	214 702	84 832	16 967	22 142	—	
1895/96	229 313	221 312	229 271	94 663	15 590	19 497	—	
1896/97	260 554	253 029	260 596	94 663	15 590	48 009	—	
1897/98								
1898/99	280 507	268 793	280 507	94 871	15 642	63 490	—	
1899/1900	297 335	283 606	297 315	94 871	15 642	63 380	—	
1900/01	319 053	276 447	272 889	122 052		29 000	—	34 872
1901/02	344 803	258 741	348 149	139 953		29 000	—	52 482
1902/03	300 272	250 712	304 691	140 584		30 500	775	52 719
1903/04	319 729	264 282	320 295	140 718		30 500	6 080	52 769
1904/05	352 904	271 862	328 466	140 718		31 000	1 157	52 769
1905/06	326 893	261 242	343 287	140 718		31 300	11 369	52 769
1906/07	317 905	266 095	328 479	140 718		31 332	2 059	52 769
1907/08	350 067	287 876	344 164	140 718		31 124	3 386	52 769

samteinnahmen ist seit der Herabsetzung der Gebühren im Jahre 1901/02 gestiegen. Immerhin stellen die Gebühren bei weitem noch den Hauptteil der Gesamteinnahmen dar. Auch bei den in Spalte 4 wiedergegebenen Gesamtausgaben sind alle durchlaufenden Posten ausgeschieden worden. Diese Ausgaben enthalten außer den reinen Betriebskosten auch noch die Ausgaben für Verzinsung und Tilgung der Anlagekosten sowie die Zuwendungen an den Erneuerungsfonds, die in den Spalten 5—7 detailliert wiedergegeben sind. Bei den Betriebskosten ist übrigens auch eine Zahlung an die Stadthauptkasse als Beitrag zu den gemeinsamen Verwaltungskosten enthalten. Spalte 8 gibt endlich die an die Stadthauptkasse abgeführten und in dem Verwaltungsbericht als „Überschüsse" bezeichneten Summen wieder, die unter den Gesamtausgaben in Spalte 4 nicht mit enthalten sind. Der Gewinn, den die Stadt aus dem Betriebe des Schlachthauses zieht, ist jedoch erheblich höher als es hiernach den Anschein hat. Während nämlich die Anleihe, die von der Stadt zur Beschaffung der Anlagekosten des Schlacht- und Viehhofes aufgenommen wurde, nur mit nominal 3½ % zu verzinsen ist, entsprechen die in Spalte 5 als Verzinsung bezeichneten

IV. Der Schlacht- und Viehhof. 47

Summen einer Verzinsung der Anlagekosten von 5 % und von 1895/96 an einer solchen von 6 %, so daß die Differenz von 1½ bezw. 2½ % als Gewinn der Stadt anzusprechen ist. In Spalte 9 sind daher die dieser Differenz entsprechenden absoluten Summen in der Höhe wiedergegeben, wie sie in der Rechnungslegung der Kämmerei als Einnahme aus dem Schlacht- hof verzeichnet sind. Die Ausgaben für Tilgung der Anlagekosten sind in den Verwaltungsberichten nur bis 1899/1900 gesondert angegeben, von da an zusammen mit den Ausgaben für Verzinsung. Als Tilgungssatz ist 1 % angenommen, und zwar sowohl von der Summe für Landerwerb als auch von den Baukosten. Außerdem werden die durch die allmählich erfolgende Tilgung ersparten Zinsen zur Erhöhung der Tilgungsrate benutzt. Da für die allmähliche Abnutzung der Bauten usw. ein besonderer Gegenwert in Gestalt des Erneuerungsfonds besteht, sind auch die für die Tilgung ver- ausgabten Summen als Überschuß zu bezeichnen und bei Berechnung der Gewinnquote in Betracht zu ziehen. Der gesamte Verdienst aus dem Schlachthofbetriebe (der Unternehmergewinn) würde sich hiernach auf etwa 4 % stellen. Der Erneuerungsfonds beträgt gegenwärtig (1. April 1908) 397 887 Mk. und ist in Wertpapieren, Hypotheken und bei der Sparkasse angelegt. In seiner Dotierung ist zugleich mit der Erhöhung des an die Kämmerei zu zahlenden Zinssatzes im Jahre 1901/02 eine Veränderung eingetreten, die in der Verminderung der in Spalte 7 wiedergegebenen Zahlen ohne weiteres erkennen läßt. Für die Höhe der an ihn abzugebenden Beträge sind gegenwärtig die nachstehend angeführten Abschreibungssätze maßgebend:

½ % von den Kosten der Baulichkeiten,
1 % „ „ „ „ Pflasterung,
1 % „ „ „ „ Viehrampen usw.,
3½ % „ „ „ „ Gleisanlagen,
5 % „ „ „ „ Maschinen und Maschineneinrichtungen,
10 % „ „ „ „ Kanalisation,
10 % „ „ „ des Inventars.

Entsprechend den ungünstigeren Ergebnissen des Viehhofes sind auch seine finanziellen Ergebnisse weit weniger erfreulich als die des Schlachthofes. Bei der Zusammenstellung der in der folgenden Tabelle wiedergegebenen Einnahmen und Ausgaben ist nach denselben Grundsätzen verfahren worden wie bei dem Schlachthofe.

(Siehe die Tabelle S. 48.)

Die Einnahmen (Spalte 2) sind ganz erheblich hinter den Voranschlägen, die bei der Erbauung zugrunde gelegt wurden, zurückgeblieben und ganz

Ergebnisse des Viehhofes.

Jahr	Einnahme		Ausgabe				Zuschuß der Stadthauptkasse
	Gesamt	davon Gebühren	Gesamt	davon für			
				Verzinsung des Anlagekapitals	Tilgung	Erneuerungsfonds	
	Mk.	Mk.	Mk.	Mk.	Mk.	Mk.	Mk.
1	2	3	4	5	6	7	8
1893	7 329	5 805	13 771	8 044	1609	—	6 442
1893/94	42 879	34 789	69 096	35 317	7063	3362	26 217
1894/95	34 206	29 213	62 972	35 317	7063	3362	28 766
1895/96	23 289	18 596	53 421	28 253	7063	3362	30 132
1896/97	26 370	21 939	53 123	28 253	7063	3362	26 753
1897/98							
1898/99	27 474	22 152	53 054	28 993	7063	3284	25 580
1899/1900	30 674	24 382	56 146	28 996	7063	3284	25 473
1900/01	37 527	29 662	53 487	32 782		2850	15 960
1901/02	43 531	32 785	59 264	32 782		2850	15 732
1902/03	45 281	35 777	57 635	32 822		2850	12 354
1903/04	37 981	28 653	51 475	32 822		2850	13 494
1904/05	40 822	29 827	53 375	32 822		2850	12 353
1905/06	40 500	28 337	51 336	32 822		2850	10 835
1906/07	44 418	32 183	55 253	32 822		2850	9 823
1907/08	59 372	43 376	62 436	32 822		3903	3 064

(Spalte 5: 5%)

besonders gilt dies von den Gebühren (Spalte 3). Die Folge war, daß alljährlich erhebliche Zuschüsse aus der Stadthauptkasse erforderlich waren, um die Ausgaben (Spalte 4) zu decken. In diesem sind wieder die für Verzinsung, Tilgung und Erneuerungsfonds verausgabten Summen mitenthalten, die in den Spalten 5—7 besonders aufgeführt sind. Während nun bei dem Schlachthofe im Jahre 1895/96 die Verzinsungsrate auf 6 % heraufgesetzt wurde, sah das Kuratorium sich in demselben Jahre veranlaßt, diese Rate bei dem Viehhofe auf 4 % zu reduzieren, da das Beibehalten des bisherigen Zinsfußes von 5 % nichts weiter als ein rechnerisches Hin- und Herschieben der zur Bestreitung des 5. Prozentes erforderlichen Summe zwischen Viehhofkasse und Kämmereikasse bedeutet hätte. Da sich wie bei dem Schlachthofe die nominelle Verzinsung der zur Deckung der Anlagekosten dienenden Anleihe nur auf 3½ % stellt, vermindert sich der von der Stadt geleistete Zuschuß in Wahrheit noch um die Summe, die der Differenz von ½ % entspricht. Ebenso sind die für die Tilgung aufgewendeten Summen von dem Zuschuß in Abzug zu bringen, da die Stadt diese Summen, die ihr später wieder zugute kommen, für den Viehhof nur verauslagt und auch, wie bei dem Schlachthof, ein besonderer Erneuerungsfonds bereit steht, um die Wertverminderung der Anlagekosten, die durch die Abnutzung entsteht, zu decken. Unter diesen Voraussetzungen kann der Etat des Viehhofes bereits im Etatsjahre 1905/06 als nahezu aus eigenen Mitteln balanciert angesehen werden und der kleine Zuschuß, den die Stadt noch für 1907/08 zu leisten hatte, verwandelt sich in einen Überschuß, der nahezu der alljährlichen Tilgungsquote von 1 % der Anlagekosten gleicht. Die günstige Entwicklung, die der Betrieb des Viehhofes in den beiden letzten Jahren genommen hat, vor allem auch der Umstand, daß die Gebühren erheblich reichlicher fließen, läßt erwarten, daß in Zukunft auch nominell kein Zuschuß mehr nötig sein wird.

Der Erneuerungsfonds des Viehhofes beträgt gegenwärtig 41 304 Mk. und ist in Hypotheken und bei der Sparkasse angelegt. Für seine Bildung bestehen dieselben Grundsätze wie für den des Schlachthofes.

Als Nebenbetriebe sind dem Vieh- und Schlachthofe angegliedert eine Freibank und eine Fleischkochanlage für bedingt taugliches Fleisch, das nach erfolgter Sterilisation auf der Freibank für Rechnung der Besitzer verkauft wird. Die hieraus fließenden Gebühren sind in den Gebühren des Schlachthofes mitenthalten. Von dem in der Eisgewinnungsanlage hergestellten Eis wird auch an Fleischer und an Private verkauft. Zu erwähnen ist noch, daß neuerdings (1908) eine Fleischpreisnotierungskommission an dem Vieh- und Schlachthofe gebildet worden ist, die sich aus Produzenten (Landwirten), Zwischenhändlern (Viehhändlern) und Konsumenten (Fleischern) zusammensetzt und der auch der jeweilige Schlachthofdirektor angehört. Die von ihr in dem Marktverkehr auf dem Viehhofe ermittelten Preise dienen als Grundlage für die Preisstatistik des städtischen statistischen Amtes.

V.

Die Gasanstalt.

1. Geschichte.

Nachdem schon in mehreren großen Städten Deutschlands Gasanstalten auf städtische Kosten errichtet worden waren, entschloß sich im Jahre 1853 der Magistrat von Halle ebenfalls, dem Plane der Erbauung einer städtischen Gasanstalt näher zu treten. Ein Baumeister, der bereits mehrere derartige Anlagen gebaut und eingerichtet hatte, wurde mit der Ausarbeitung eines Projektes beauftragt und legte im Februar 1854 dem Magistrat seine Pläne vor, die im wesentlichen dessen Zustimmung fanden.

Der erste Ausbau des Gaswerkes war nach den dem Magistrat vorgelegten Plänen, einschließlich des Grundstückes, des Rohrnetzes und der Laternen auf 215 841 Taler 1 Sgr. und 8 Pfg. veranschlagt; das Projekt wurde nach einigen Änderungen mit einem Kostenanschlag über 189 652 Taler 15 Sgr. und 1 Pfg genehmigt.

Das Bau- und Betriebskapital sollte nach dem Projekt 5 % Zinsen tragen und sollte dabei innerhalb 30 Jahren amortisiert werden. Nach seinem vollständigen Ausbau sollte das Werk Gas für höchstens 6000 Privatlichte und 660 öffentliche Laternen liefern, was ungefähr einer Tagesproduktion von 5200 cbm entspricht. Zunächst wurde es jedoch nur für 5200 Privatlichte und 520 öffentliche Laternen eingerichtet.

Das zur Erbauung der Gasanstalt erforderliche Kapital wurde durch eine von der Stadt zu garantierende 5 %ige Anleihe von 200 000 Taler aufgebracht.

Die Bauarbeiten wurden im März 1856 auf dem in der Hafenstraße gelegenen neuerworbenen Grundstück begonnen, und bereits am 16. Dezember desselben Jahres konnte die Stadt zum ersten Male mit Gas erleuchtet werden.

Die Gesamtkosten der neuen Gasanstalt betrugen 204 302 Taler 2 Sgr. 3 Pfg. Der Anschlag wurde also, und zwar infolge unvorhergesehener

V. Die Gasanstalt.

Schwierigkeiten bei der Fundierung der Gasbehälter und der Verlegung des Rohrnetzes, überschritten.

Nach ihrem vollständigen Ausbau lieferte die Gasanstalt, nachdem vielerlei Schwierigkeiten der ersten Betriebsjahre überwunden waren, 1 500 000 cbm Gas im Jahr.

Bis zum Jahre 1872 war es möglich, ohne Vornahme einer Erweiterung mit der im Jahre 1856 erbauten Gasanstalt den gesamten Gasverbrauch zu decken; sodann sah sich der Magistrat jedoch genötigt, eine zweite Gasanstalt zu errichten. Dieselbe wurde vor dem Steintor in der jetzigen Kraufenstraße erbaut und für eine Tagesleistung von 8000 cbm eingerichtet. Die Gesamtkosten der Neuanlage betrugen 539 075,79 Mk.

Mit der Zeit erwies sich jedoch auch die in beiden Anstalten produzierte Gasmenge als zu gering, deshalb wurde die Gasanstalt II durch einen Erweiterungsbau auf eine Tagesleistung von 12—13 000 cbm gebracht.

Jedoch erwies sich diese erweiterte Anlage auch noch als unzureichend, und deshalb beschlossen die städtischen Körperschaften im Jahre 1889 den Bau einer neuen Gasanstalt, die von vornherein so zu errichten sei, daß sie den Gasbedarf auf absehbare Zeit zu decken imstande sei, ohne daß ferner Erweiterungen erforderlich würden. Als Baugelände wurde der „Holzplatz" in der Nähe des „Hettstedter Bahnhofs" gewählt.

Die neue Gasanstalt, die im Jahre 1890 eröffnet wurde, kostete 945 387 Mk. Hiervon wurden 587 000 Mk. aus dem Vermögen der Gasanstalt entnommen und der Restbetrag von 358 387 Mk. aus der Kämmereikasse entliehen.

Die neue Gasanstalt wurde für eine Tagesleistung von 60 000 cbm Gas projektiert, das in drei Apparatensystemen von je 20 000 cbm Tagesleistung erzeugt werden sollte; bei dem Neubau gelangte dieses Projekt jedoch nicht in seinem ganzen Umfange zur Ausführung, so daß mit den bisher vorhandenen Einrichtungen nur 53 000 cbm Gas im Tag produziert werden können.

Das gesamte Gasrohrnetz der Stadt Halle hat ohne Haus- und Laternenanschlüsse eine Länge von 145 km. Alle mit der Errichtung der städtischen Gasanstalten zusammenhängenden Grundstückserwerbungen und Bauten, die Anlage des Rohrnetzes, die Einrichtung der öffentlichen Beleuchtung usw. erforderten einen Gesamtkostenaufwand von 5 506 933 Mk.

2. Wirtschaftliche Ergebnisse.

Wie bereits im geschichtlichen Überblick die Entwicklung der städt. Gasanstalt erwähnt wurde, war in dem Projekt zur Errichtung der Anstalt vorgesehen worden, daß sich das Bau- und Betriebskapital mit 5 % verzinsen und nach 30 Jahren amortisiert werden sollte. Es war außerdem angenommen worden, daß die Gasanstalt einen solchen Ertrag abwerfen würde, daß sie von den zur öffentlichen Beleuchtung erforderlichen 8202 Taler 5202 Taler würde tragen können, so daß die Stadt trotz dieser besseren Beleuchtung nicht mehr als bisher für die schlechte Ölbeleuchtung, nämlich 3000 Taler beizusteuern haben würde.

Die Betriebsergebnisse der ersten drei Jahre blieben jedoch hinter diesen Erwartungen bedeutend zurück; die Herstellungskosten des Gases überstiegen sogar den Verkaufspreis desselben, obgleich der Preis der Kohlen mit 16,73 Mk. pro 1000 kg anormal gering war. Dieses schlechte Ergebnis ist hauptsächlich darauf zurückzuführen, daß der Gasverlust in dem Rohrnetz bis zum Jahre 1858 bis 30 % der gesamten Gasproduktion betrug.

Erst nachdem das ganze Rohrnetz einer gründlichen Reparatur unterzogen worden war und die Leitung der Gasanstalt in die Hand eines erfahrenen Gastechnikers überging, begann dieselbe allmählich geringe Überschüsse abzuwerfen, die nun fortgesetzt wuchsen.

Es wurde jedoch, um erst eine feste, finanzielle Grundlage für den Weiterbetrieb der Gasanstalt zu schaffen, zunächst davon abgesehen, die Überschüsse der Stadtkasse zuzuführen; infolgedessen konnte bereits im achten Jahre des Bestehens der Gasanstalt der Preis des Gases von $2^{2}/_{3}$ Taler auf $2^{1}/_{6}$ Taler für 1000 cbf ermäßigt werden.

Im Jahre 1867, dem elften Betriebsjahre, wurde der erste Überschuß in Höhe von 24 600 Mk. der Stadtkämmereikasse zugeführt. Von jetzt ab arbeitet die Gasanstalt mit so hohen Überschüssen, daß in jedem Jahre hohe Beträge der Stadtkasse überwiesen werden können. Die der Kasse zugewiesenen Beträge wachsen mit wenigen Ausnahmen von Jahr zu Jahr, so daß im Rechnungsjahr 1906/07 437 670 Mk. abgeliefert werden konnten. Die ganze Summe, die seit dem Bestehen der Gasanstalt bis zu dem Jahre 1906/07 der Kämmereikasse überwiesen wurde, beträgt 8 109 989,56 Mk. Außerdem sind von dem Anlagekapital von 5 506 933 Mk., das zur Errichtung der Gasanstalt und für die späteren Erweiterungen derselben bis zum Schluß des Rechnungsjahres 1906/07 erforderlich gewesen ist, seither 3 250 833,28 Mk. abgeschrieben worden, so daß nur noch ein Buchwert der Städtischen Gaswerke von 2 256 099,72 Mk. verbleibt.

Wie eben dargelegt wurde, wurde ein Teil der Betriebsüberschüsse der Gaswerke in jedem Jahre der Stadtkasse zugewiesen und zu Abschreibungen für die Abnutzung der Betriebseinrichtungen verwandt. Ein Teil der Überschüsse wurde dazu verwandt, zu ermöglichen, den Verkaufspreis des Gases dauernd herabzusetzen.

Der Verkaufspreis des Gases betrug bei Eröffnung der Gasanstalt 2²/₃ Taler pro 1000 cbf, nach Eingang der ersten Überschüsse wurde er im Jahre 1864 auf 2¹/₆ Taler pro 1000 cbf ermäßigt. Im Jahre 1871 wurde der Preis, obgleich die Herstellungskosten des Gases gegen die beiden vorhergehenden Jahre um eine Mark pro 100 cbm infolge eines Steigens der Kohlenpreise von 19,53 bezw. 20,35 Mk. auf 23,73 Mk. pro 1000 kg gestiegen waren, auf 20 Pfg. für das cbm herabgesetzt. Weitere Preisermäßigungen auf 18 Pfg. für das cbm erfolgten im Jahre 1879 und auf 16 Pfg. im Jahre 1898. Letzterer Preis ist bis heute für Gas, das zu Leuchtzwecken Verwendung finden soll, beibehalten worden.

Der immer zunehmenden Verwendung des Gases zu Kraft-, Heiz- und Kochzwecken trug der Magistrat dadurch Rechnung, daß er den Preis des für diese Zwecke verwandten Gases im Jahre 1887 auf 13,5 Pfg. pro cbm und im Jahre 1894 auf 10 Pfg. pro cbm ermäßigte. Durch diese bedeutenden Preisermäßigungen sank der Erlös für 1 cbm Nutzgas von 23 Pfg. auf 13 Pfg. herab, trotzdem wuchsen die Überschüsse der Gaswerke ständig, da der Gaskonsum infolge des billigen Preises des Gases bedeutend zunahm. Die beigefügte Tabelle gibt eine klare Übersicht dieser Verhältnisse und ihrer gegenseitigen Einwirkung.

Die immer fühlbarer werdende Konkurrenz der elektrischen Beleuchtung zwang den Magistrat zu energischen Maßnahmen, um gegen diese Konkurrenz erfolgreich ankämpfen zu können; so wurden in der Straßenbeleuchtung überall die Schnittbrenner durch Auerbrenner ersetzt und außerdem wurde im Jahre 1898 der Beschluß gefaßt, daß die Privatanschlüsse bis zu den Gasmessern, die innerhalb der Wohnungen aufgestellt werden, auf Kosten der Stadt ausgeführt werden. Dieser Beschluß ist, nachdem er sieben Jahre in Kraft war, allerdings wieder aufgehoben worden, jedoch ist durch ihn die Einführung der Gasbeleuchtung in Privatwohnungen zweifellos sehr gefördert worden. Durch die Einführung des Auerlichtes ist die Gasbeleuchtung so beliebt geworden, daß selbst nach der im Jahre 1901 erfolgten Eröffnung des städtischen Elektrizitätswerkes der Gaskonsum noch ständig wuchs.

Die Zahl der Verbrauchsstellen ist von 71 bei Eröffnung des Werkes auf über 14 000 gestiegen.

3. Schuldentilgung.

Von den zum Bau der Gaswerke aufgenommenen Anleihen in Höhe von 2 205 618,88 Mk. sind bereits 1 574 490,22 Mk. aus den Betriebs-

Nr.	Betriebsjahr	Gas-erzeugung	Ausgaben für Anlage und Erweiterungen der Werke	Ab-schreibungen	Buchwert der Gasanstalten	Auf-genommene Anleihe-schulden
		1	2	3	4	5	6
		cbm	Mk.	Mk.	Mk.	Mk.
1	14. Dez. 1856 bis 30. Juni 1857	680 614	681 696,59	23 155,36	658 541,23	673 050,—
2	1. Juli 1857/58					
3	1. „ 1858/59	541 720	6 855,97	5 653,57	659 743,63	16 950,—
4	1. „ 1859/60	493 796	5 930,—	6 317,25	659 356,38	21 000,—
5	1. „ 1860/61	542 018	32 451,27	13 330,91	678 476,74	
6	1. „ 1861/62	612 426	5 826,43	13 125,60	671 177,57	—
7	1. „ 1862/63	697 818	3 625,57	12 851,40	661 951,74	—
8	1. „ 1863/64	807 708	6 830,12	12 595,43	656 186,43	—
9	1. „ 1864/65	902 011	2 854,24	12 333,02	646 707,65	—
10	1. „ 1865/66	1 015 011	70 689,45	13 474,95	703 922,15	—
11	1. „ 1866/67	1 108 024	2 383,09	13 150,45	693 154,79	—
12	1. „ 1867/68	1 137 083	2 083,41	12 844,66	682 393,54	—
13	1. „ 1868/69	1 198 710	9 754,15	12 800,19	679 347,50	—
14	1. „ 1869/70	1 305 696	6 482,90	12 686,05	673 144,35	—
15	1. „ 1870/71	1 308 664	4 724,87	12 449,19	665 420,03	—
16	1. „ 1871/72	1 473 621	4 930,08	12 284,38	658 065,73	—
17	1. „ 1872/73	1 758 860	107 182,70	13 856,88	751 391,54	—
18	1. „ 1873/74	1 919 490	25 519,98	14 060,84	762 850,69	57 000,—
19	1. „ 1874/75	2 080 160	114 314,02	15 977,40	861 187,31	234 000,—
20	1. „ 1875/76	2 188 000	27 304,16	16 535,99	872 355,48	9 000,—
21	1. „ 1876/77	2 196 050	7 816,96	16 108,93	864 063,51	—
22	1. „ 1877/78	2 307 646	27 965,29	16 326,38	875 702,42	—
23	1. „ 1878/79	2 345 790	545 820,49	25 464,11	1 396 058,80	—
24	1. „ 1879/80	2 381 830	10 727,77	25 005,25	1 381 781,32	—
25	1. „ 1880/81	2 480 200	9 477,61	24 621,39	1 366 637,54	—
26	1. „ 1881/82	2 696 270	15 892,13	24 827,55	1 357 702,12	—
27	1. „ 1882/83	2 903 880	15 532,01	24 402,39	1 348 831,74	—
28	1. „ 1883/84	3 328 490	20 688,13	24 268,51	1 345 251,36	
29	1. „ 1884 bis 31. März 1885	2 156 480	8 829,39	18 099,45	1 335 081,30	—
30	1. April 1885/86	3 721 410	4 338,75	24 013,63	1 316 306,42	150 000,—
31	1. „ 1886/87	3 886 420	171 629,80	46 327,43	1 441 608,79	—
32	1. „ 1887/88	4 149 090	19 410,42	56 305,91	1 404 713,30	—
33	1. „ 1888/89	4 570 820	61 066,25	381 473,96[5]	1 084 305,59	—
34	1. „ 1889/90	5 103 640	23 312,89	49 001,25	1 058 617,23	—
35	1. „ 1890/91	5 224 330	25 470,72	47 809,94	1 036 278,01	258 000,—
36	1. „ 1891/92	5 103 420	1 014 256,09	66 164,01	1 984 370,09	100 378,88
37	1. „ 1892/93	5 027 570	38 222,20	81 855,81	1 940 736,48	—
38	1. „ 1893/94	5 034 910	30 302,88	79 782,89	1 891 256,47	—
39	1. „ 1894/95	5 168 280	48 557,22	78 498,18	1 861 315,51	—
40	1. „ 1895/96	5 513 140	77 880,63	76 918,86	1 862 277,28	—
41	1. „ 1896/97	5 891 120	176 113,54	110 158,85	1 928 231,97	—
42	1. „ 1897/98	6 223 250	439 187,72	136 749,36	2 230 670,33	266 250,—
43	1. „ 1898/99	6 956 720	137 661,70	148 090,95	2 220 241,08	—
44	1. „ 1899/00	7 843 280	175 869,35	156 484,64	2 239 625,79	—
45	1. „ 1900/01	8 228 850	341 735,—	169 688,98	2 411 671,81	55 990,—
46	1. „ 1901/02	8 326 400	116 131,61	169 660,19	2 358 143,23	—
47	1. „ 1902/03	8 474 130	92 796,51	198 058,41	2 252 881,33	—
48	1. „ 1903/04	8 579 690	190 793,03	225 019,23	2 218 655,13	150 000,—
49	1. „ 1904/05	8 866 290	127 083,54	204 137,44	2 141 601,23	66 000,—
50	1. „ 1905/06	9 405 540	330 833,52	149 574,24	2 322 860,51	148 000,—
51	1. „ 1906/07	9 783 380	94 295,46	146 240,19	2 256 099,72	
		186 509 640	5 521 337,61	3 250 421,83	—	2 205 618,88

V. Die Gasanstalt.

55

Schulden-tilgung	Schuld-bestand am Schluß des Jahres	An die Kämmereikasse abgelieferter Gewinnanteil	Durchschn. Preis für 1000 kg Kohlen	Herstellungs-kosten für 100 cbm Nutzgas	Durchschn. Erlös für 1 cbm Nutzgas	Bemerkungen
7	8	9	10	11	12	13
Mk.	Mk.	Mk.	Mk.	Mk.	Mk.	
—	673 050,—	—	16,73	29,16	23,55	
—	690 000,—	—	22,57	23,75	23,60	
—	711 000,—	—	24,43	20,27	23,47	
37 515,—	673 485,—	—	22,12	18,54	23,12	
45 015,—	628 470,—	—	21,54	13,73	23,01	
66 360,—	562 110,—	—	21,13	13,17	22,36	
50 992,50	511 117,50	—	21,19	14,26	22,23	
30 907,50	480 210,—	—	20,22	13,37	19,75[1]	[1] Gaspreisermäßi-
31 005,—	449 205,—	—	21,67	12,85	19,28	gung von 2²/₃ Tlr.
46 905,—	402 300,—	—	22,61	12,56	19,19	auf 2¹/₃ Tlr. für
15 300,—	387 000,—	24 615,75	21,04	11,55	18,27	1000 cbf.
14 415,—	372 585,—	50 494,23	19,15	10,27	18,10	
17 700,—	354 885,—	51 756,95	19,53	9,99	18,18	
12 630,—	342 255,—	63 045,48	20,35	10,02	17,95	[2] Gaspreisermäßi-
17 040,—	325 215,—	68 900,54	23,73	11,39	17,74[2]	gung auf 20 Pf. für
14 107,50	311 107,50	77 195,45	24,87	12,39	17,55	das Kubikmeter.
13 830,—	354 277,50	80 024,55	25,52	11,15	17,49	
17 437,50	570 840,—	76 496 60	26,87	12,55	17,45	
25 140,—	554 700,—	72 636,40	23,51	10,70	17,43	
19 800,—	534 900,—	72 598,45	20,86	9,43	17,58	
21 300,—	513 600,—	127 135.26	19,04	8,89	17,60	
22 800,—	490 800,—	107 544,21	17,90	8,70	16,99	
28 200,—	462 600,—	129 370,17	18,24	8,66	16,14[3]	[3] Gaspreisermäßi-
149 625,—	312 975,—	125 393,88	18,35	8,39	16,00	gung auf 18 ₰ f. für
26 100,—	286 875,—	146 316,10	18,26	7,41	15,81	das Kubikmeter.
57 000,—	229 875,—	134 149.71	18,88	7,20	15,66	
58 500,—	171 375,—	140 161,38	18,19	7,64	15,56	
59 700,—	111 675,—	111 114,01	18,29	6,72	15,61	
60 900,—	200 775,—	153 098,67	18,04	7,35	15,54	
45 000,—	155 775,—	160 044,83	17,91	7,21	15,43[4]	[4] Preis für Koch-,
155 775,—	—	173 098,54	17,75	7,26	15,38	Heiz- u. Kraftgas auf
—	—	237 739,35	17,88	6,83	15,29[5]	13,5 Pf. ermäßigt.
—	—	268 378,89	19,01	6,88	15,25	[5] Spalte 4:
—	258 000,—	239 368,89	25,29	9,24	15,23	332 480,13 Mk. außer-
18 750,—	339 628,88	279 761,10	23,37	9,10	15,21	ordentliche Abschrei-
18 750,—	320 878,88	280 452,34	20,23	8,59	15,12	bung.
17 918,94	302 959,94	281 528,30	19,90	8,54	15,01	
17 918,94	285 041,—	272 618,61	19,72	8,17	14,80[6]	[6] Preis für Koch-,
17 918,94	267 122,06	287 523,88	19.69	7,54	14,69	Heiz- und Kraftgas
17 918,94	249 203,12	302 043,35	19,39	7,77	14,69	auf 10 Pf. ermäßigt.
17 918,94	497 534,18	318 364,60	19,11	8,05	14,69	
31 231,44	466 302,74	287 652,09	19,11	8,57	13,20[7]	[7] Preis für Leucht-
31 231,44	435 071,30	304 000,—	19,74	8,18	12,97	gas auf 16 Pf. er-
31 231,44	459 829,86	332 520,—	22,78	8,19	13,06	mäßigt.
34 030,94	425 798,92	347 069,—	22,52	9,12	12,99	
34 030,94	391 767,98	358 858,—	20,77	8.41	13,01	
41 546,44	500 221,54	320 200,—	20,18	8,38	13,10	
41 546 44	524 675,10	375 800,—	19,82	8,08	13,10	
41 546,44	631 128,66	433 230,—	19,11	7,75	13,05	
59 032,02	572 096,64	437 670,—	19,32		12,98	
1633 522,24	—	8 109 989,56	—	—	—	

überschüssen zurückgezahlt worden, so daß nur noch eine Schuld von 631128,66 Mk. verbleibt, die jedoch durch die vorhandenen Geldwerte und Kohlenrestbestände vollauf gedeckt wird.

Die Preise der Gaskohlen sind im allgemeinen großen Schwankungen nicht unterworfen gewesen, vereinzelte Preissteigerungen zeigen sich im Jahre 1870/71 und 1901/02; in dem erstgenannten Jahre war die Preiserhöhung auf den großen wirtschaftlichen Aufschwung nach dem Kriege 1870/71 und in dem letztgenannten durch den Bergarbeiterausstand in Westfalen zu erklären.

Ebenso sind sich auch die Herstellungskosten des Gases annähernd gleich geblieben. Wenn auch einerseits die Herstellungskosten durch verbesserte Betriebseinrichtungen herabgesetzt wurden, so wurde dieser Gewinn durch das starke Steigen der Arbeiterlöhne wieder ausgeglichen. Die Löhne der Tagelöhner stiegen von 1—1,30 Mk. im Jahre 1856 auf 3,20—3,80 Mk. im letzten Berichtsjahr; die Löhne der Retortenhausarbeiter stiegen in dieser Zeit von 1,40—1,60 Mk. auf 4,20—4,40 Mk. für die zwölfstündige Schicht.

An Nebenprodukten wurden nutzbringend verwandt: Koks, Teer, Ammoniakwasser, Graphit und ausgenutzte Reinigungsmasse. Die Preise dieser Nebenprodukte richteten sich immer nach den jeweiligen Marktpreisen. Die bei dem Verkaufe derselben erzielten Einnahmen waren im Berichtsjahr 1906/07 so hoch, daß 69,36 % der verarbeiteten Kohlen durch dieselben Deckung fanden.

VI.

Das Wasserwerk.

1. Geschichte.

Das Städtische Wasserwerk zu Halle a. S. besteht seit dem Jahre 1869. Schon seit dem Jahre 1858 war öfters die Frage der Beschaffung einer Wasserleitung bei den städtischen Behörden angeregt worden, jedoch mußte die Erledigung dieser Frage mit Rücksicht auf die ungünstige Finanzlage der Stadt bis auf weiteres vertagt werden.

Das Bedürfnis nach einer Wasserleitung machte sich jedoch immer mehr fühlbar, und so wurden denn im Jahre 1863 von Magistrat und Stadtverordnetenversammlung die Bildung einer Kommission beschlossen, die mit der Vornahme der zur Errichtung der Wasserleitung erforderlichen Vorarbeiten betraut wurde. Die Angelegenheit wurde besonders seit dem Jahre 1866 sehr bringend, da in diesem Jahre Halle von einer schweren Choleraepidemie heimgesucht wurde, die sehr viele Opfer forderte.

Am 22. Juni 1867 beschloß die Stadtverordnetenversammlung:

1) Die Ausführung eines umfassenden Wasserwerkes imstande 200—250000 Kubikfuß Wasser täglich aus dem Kiesboden an der Elster bei Beesen in die Stadt zu liefern, nach dem durch die Kommission modifizierten Anschlage mittelst Vergebung der einzelnen Arbeiten in Teil=Entreprisen im Wege beschränkter Submission, sobald das Allerhöchste Privilegium wegen Emission einer Anleihe von 600 000 Taler eingegangen und die Beschaffung des Geldes gesichert sei.

2) Die Anlagekosten für das Wasserwerk werden auf die Summe von 362 076 Taler 24 Sgr. festgestellt und der Wasserwerksverwaltung zur Beschaffung von Wassermessern und vorschußweisen Anlage von Privatleitungen im Inneren der Häuser 15 000 Taler zur Verfügung gestellt."

Der Bau des Werkes wurde im Juli 1867 begonnen. Die Grundzüge des Entwurfes waren: ein Wasserquantum bis zu 250 000 Kubikfuß aus dem zwischen Elster und Saale gelegenen Kiesboden durch Drainage derartig zu gewinnen, daß es zu jeder Jahreszeit vollständig gereinigt, mittelst einer Dampfmaschine von 70 PS auf die 184 Fuß über der Elster liegenden Vorratsreservoirs von zusammen 115 000 Kubikfuß Inhalt zu fördern und von da durch die verschiedenen Leitungen aus gußeisernen Rohren nach allen Teilen der Stadt und bis in jedes Stockwerk, selbst der höchstgebauten Häuser, zu führen sei.

Anfang April 1868 wurde das Werk eröffnet und bis September desselben Jahres war die ganze Stadt mit Wasser versorgt. Der Wasserverbrauch im ersten Betriebsjahre vom 1. April 1868 bis 1. Januar 1869 betrug 12 000 000 cbf. Die Länge der Rohrleitung betrug 11 500 Ruten. Das Wasserwerk war einschließlich der Kosten für sämtliche Hausanschlüsse auf 415 600 Taler veranschlagt worden. Nach Schluß der Rechnung stellten sich die wirklich aufgewandten Kosten auf 414 440 Taler 19 Sgr. 6 Pfg., die des Grunderwerbes auf 4256 Taler 28 Sgr. 9 Pfg., die Gesamtanlagekosten mithin auf 418 697 Taler 18 Sgr. 3 Pfg.

Gegen alles Erwarten stieg der Wasserverbrauch, den man auf 3 cbf pro Kopf und Tag veranschlagt hatte, schon in den ersten Jahren des Bestehens des Wasserwerkes so stark, daß schon 1870 ca. 4 cbf pro Kopf und Tag verbraucht wurden. Es wurde deshalb erforderlich, besonders da man sich über die in dem seitherigen Pumpgebiet zur Verfügung stehenden Wassermenge, wie sich nachträglich herausstellte, getäuscht hatte, neue Quellen zu erschließen und das Wasserwerk dementsprechend zu vergrößern. Man entschloß sich deshalb, auch auf dem rechten Elsterufer, auf dem ebenfalls umfangreiche Kieslager festgestellt worden waren, Saugleitungen anzulegen, so daß das Wasserwerk nun in der Lage war, das erforderliche Wasserquantum abwechselnd aus der einen oder der anderen Saugleitung oder aus beiden zugleich heben zu können. Die Erweiterung der Saugleitung kostete 3180 Taler. Durch diese Vergrößerung der Saugleitung, die ca. 900 Fuß in 20 zölligen Tonrohren betrug, schien der Wasserbedarf vorläufig ausreichend gedeckt; jedoch trat bereits im Jahre 1872 durch starkes Sinken des Wasserspiegels in der wasserführenden Kiesschicht wieder Wassermangel ein, so daß man sich zu neuen umfassenden Erweiterungsbauten genötigt sah. Die Gesamtkosten dieser Erweiterungen betrugen 101 085 Mk. 1877 wurde der Druckrohrstrang in das Dorf Beesen verlängert, in dem sich neun Hausbesitzer anschließen ließen. Die nächsten Betriebsjahre bringen alle mehr oder weniger weitgehende Erweiterungen der Wasserleitungsanlage, von denen im Folgenden nur die bedeutendsten hervorgehoben werden sollen. Leider sind die für Bearbeitung der Geschichte des Wasserwerkes zur Verfügung stehenden Angaben nicht ausreichend, um die Entwicklung der ganzen An-

VI. Das Wasserwerk. 59

lage von Jahr zu Jahr genau verfolgen zu können; von der Aufstellung einer diese Fragen betreffenden Tabelle wurde deshalb abgesehen.

Im Jahre 1876 wurde mit einem Kostenaufwand von 59 401 Mk. ein neuer Druckrohrstrang bis zum Leipziger Platz gelegt.

Erweiterungen der Sammelrohrleitung erforderten im Jahre 1878 einen Kostenaufwand von 24 813 Mk. Zur Sicherung und Erweiterung der Wassergewinnungsanlage wurden im Jahre 1886 größere Landankäufe im Preise von 262 537,58 Mk. gemacht; der bereits im Jahre 1881 begonnene Wasserturm in der Magdeburgerstraße kostete bis zu seiner Fertigstellung 122 633,51 Mk.

Für Neubauten (besonders einer Enteisenungsanlage) und Neuanschaffungen bewilligten die städtischen Behörden im Jahre 1895/96 750 000 Mk. In dem folgenden Jahre wurden für den Neubau eines Wasserturmes auf dem Roßplatz 172 650 Mk. bewilligt.

Das Jahr 1899 brachte Ausgaben in Höhe von 550 000 Mk. für Terrainankäufe und Erweiterungsbauten. Das Berichtsjahr 1900/01 ist insofern von Bedeutung für die Wasserversorgung von Halle, als in diesem Jahre durch die Eingemeindung der Vororte Giebichenstein, Trotha und Cröllwitz die Übernahme des Giebichensteiner Wasserwerkes (Pumpwerk II) erfolgte. Das Wasserwerk Giebichenstein besteht seit 1893; es entnimmt sein Wasser aus einer Kiesschicht, die zwischen Saale und Götschebach liegt. Die Baukosten betrugen insgesamt 575 142,10 Mk.

Im Jahre 1901/02 übernahm das städtische Wasserwerk die Wasserversorgung der Landgemeinde Ammendorf. Das gesamte Wasserrohrnetz der Stadt Halle betrug 1907 190 927 m. Das Gesamtanlagekapital beträgt 6 265 153,64 Mk.

2. Wirtschaftliche Ergebnisse.

Das zur Errichtung der Wasserleitung erforderliche Kapital wurde durch eine Anleihe beschafft, die in Höhe von 600 000 Mk. aufgenommen wurde. Die Deckung der Zinsen für die Anleihe wurde durch eine Erhöhung der Gebäudesteuer erreicht. Der Magistrat erließ am 17. Januar 1868 eine Verordnung, wonach ein Zuschlag zu der mittelst Gesetz vom 21. Mai 1861 eingeführten allgemeinen Gebäudesteuer entrichtet werden soll. Die Verordnung bestimmt, daß von allen im Stadtbezirk Halle belegenen, zu der Staats-Gebäudesteuer für Wohnhäuser mit 4 % des Nutzungswertes veranlagten Gebäuden ein Kommunalzuschlag von 100 % der Staatssteuer zu entrichten sei. Gleichzeitig wird bestimmt, daß bei allen zur Kommunal-Gebäudesteuer heranzuziehenden Häusern die Wasserzuleitungsrohre vom

Straßenstrange an bis zu dem unweit der Hausschwelle resp. Grundstücks=
grenze anzubringenden Anschlußhahn auf städtische Kosten angelegt und für
das zu Haus= und Wirtschaftszwecken erforderliche, aus dem städtischen
Wasserwerk zu entnehmende Wasser eine besondere Vergütung nicht zu ent=
richten ist. Das übrige zu gewerblichen usw. Zwecken wird je nach der
Höhe des Verbrauches entweder nach einem von der Wasserwerksverwaltung
festzusetzenden Pauschalsatze oder nach Wassermessern abgegeben, die den Be=
nutzern gegen Miete zur Verfügung gestellt wurden.

Die vorliegenden Angaben über die wirtschaftlichen Ergebnisse sind
leider so unzureichend, daß eine Zusammenstellung derselben für die ersten

Jahr	Einnahmen Mk.	Ausgaben Mk.	Jahr	Einnahmen Mk.	Ausgaben Mk.
1869	29 679,45	32 004,71	1889	371 292,02	353 007,70
1870	48 252,07	41 933,71	1890	367 435,46	340 047,19
1871	52 473,98	48 477,10	1891	387 312,15	348 577,81
1872	56 925,08	46 545,93	1892	406 068,63	369 055,38
1873	77 729,—	63 465,54	1893	388 031,23	351 428,52
1874	100 010,51	80 919,23	1894	364 551,—	328 354,20
1875	179 876,43	161 119,94	1895	499 686,84	499 132,18
1876	180 911,78	167 173,45	1896	497 599,01	491 054,26
1877	226 286,50	199 559,11	1897	528 316,68	492 405,93
1878	201 168,23	182 317,33	1898	552 023,92	494 999,99
1879	232 985,89	192 953,06	1899	568 032,95	528 554,10
1880	223 568,83	265 204,75	1900	684 465,38	519 011,27
1881	223 016,32	355 738,93	1901	703 953,03	680 573,67
1882	250 102,07	244 774,40	1902	638 690,38	622 670,55
1883	270 894,18	347 827,36	1903	691 559,76	656 269,66
1884	304 267,24	358 249,50	1904	723 255,90	672 045,27
1885	331 126,16	492 554,16	1905	770 594,60	716 261,60
1886	394 366,65	354 971,07	1906	807 659,23	734 571,47
1887	363 685,58	319 000,82	1907	833 168,89	779 004,28
1888	329 120,58	321 098,75			

Betriebsjahre nicht möglich ist. Wie jedoch aus dem Geschäftsbericht der
Kämmereikasse folgt, sind Beträge von der Wasserwerksverwaltung an diese
zunächst nicht abgeführt worden; für die späteren Jahre finden sich seit dem
Jahre 1889 regelmäßige Angaben über den Reingewinn aus der Wasser=
versorgungsanstalt in den Verwaltungsberichten der Stadt Halle, ohne daß
jedoch angegeben wird, in welcher Weise diese Reingewinne verwandt werden.
Erst von dem Jahre 1900 an finden sich Angaben über die aus dem
Reingewinn an die Kämmereikasse abgeführten Beträge. Der Reingewinn
wurde jedoch auch jetzt nicht ganz der Kämmereikasse überwiesen, sondern es
wurde immer ein bestimmter Betrag auf das folgende Geschäftsjahr über=

VI. Das Wasserwerk.

schrieben. Der Gewinn der früheren Jahre war ebenfalls der Kämmereikasse überwiesen worden, jedoch fehlen die Angaben über die Höhe der jedesmaligen Überweisungen. Der Wasserverbrauch und hiermit auch die Einnahmen für abgegebenes Wasser bewegen sich im allgemeinen von Jahr zu Jahr in ansteigender Linie.

Eine Ausnahme macht hierbei nur das Betriebsjahr 1893, bei dem ein Rückgang der Gesamteinnahme um 17 437,40 Mk. zu verzeichnen ist. Dieser auffallende Rückgang der Einnahmen hat seinen Grund darin, daß die Kgl. Eisenbahn-Verwaltung seit März 1892 das Wasser zur Versorgung des Bahnhofes aus einer eigenen Wasserleitung entnimmt. Das Jahr 1895 bringt infolge der Anschließung der Landes-Heil- und Pflegeanstalt Nietleben und des Städtischen Schlacht- und Viehhofes eine bedeutende Zunahme des Wasserverbrauches, durch die der vorerwähnte Ausfall wieder gedeckt wird.

Die auffallende Erhöhung der Einnahmen für abgegebenes Wasser in dem Berichtsjahre 1895 ist auf die Einführung eines neuen Tarifes zurückzuführen. Die Entwicklung des Wassertarifes soll an dieser Stelle kurz behandelt werden.

Wie schon eingangs dieses Abschnittes erwähnt wurde, wurde bei Gründung des Werkes bestimmt, daß für das Wasser, das zu Haus- und Wirtschaftszwecken verwandt werden sollte, keine besondere Gebühr erhoben werden sollte, da die Hausbesitzer seit Gründung des Wasserwerkes mit einer bedeutenden Erhöhung der Gebäudesteuer belastet worden waren. Wasser für besondere Zwecke wurde nach Pauschalsätzen und Wassermessern bezahlt. Leider finden sich in dem zur Verfügung stehenden Material keine Angaben über die Höhe dieser Abgaben. Der erste vorliegende Tarif ist am 25. Juni 1878 veröffentlicht. Die Grundzüge desselben sind folgende:

1) Wasser zu Haus- und Wirtschaftszwecken wird den Bewohnern der zur Kommunalbesteuerung herangezogenen Häuser bis zu $^1/_{40}$ cbm pro Tag und Kopf unentgeltlich zugeführt.

2) Jeder Verbrauch von Wasser zu gewerblichen Zwecken ist besonders zu bezahlen. Die Bezahlung erfolgt entweder in Pauschalsätzen oder bei einem Wasserverbrauch von mindestens 1$^1/_2$ cbm täglich nach Verlangen des Abnehmers oder der Verwaltung nach Wassermessern. Bei Festsetzung der Pauschalsätze wird ein Preis von 15 Pfg. pro cbm zu Grunde gelegt und es ist als Regel ein Minimalsatz im Betrage von 3 Mk. jährlich zu entrichten.

3) Bei Bezahlung des Wassers nach Wassermessern ist ein Minimalsatz von 52 Mk. pro Jahr zu zahlen. Im einzelnen berechnete sich der Preis des Wassers nach einem spezialisierten Tarif, der von einer Grundtaxe von

Jahr	Wasserförderung	Länge des Rohrnetzes	Wasserverbrauch pro Tag und Kopf[1]	Selbstkosten pro Kubikmeter
	Kubikfuß	Ruten		
1869	40 277 660	11 500		
1870	50 662 520			
1871	55 077 624			
	Kubikmeter			
1872	1 858 569			
1873	2 076 708			
1874	2 236 000			
1875	2 087 345			
		Meter		
1876	2 296 691	62 417,85		Pf.
1877	3 079 194	64 439,55		5,705
1878	2 511 284	64 847,50		5,825
			Liter	
1879	2 569 149	65 277,61	40,96	6,45
1880	2 865 354	66 416,12	48,04	6,259
1881	2 937 848	67 133,2	46,67	6,05
1882	3 278 598	68 516,4	60,95	5,93
1883	2 994 717	69 878,5	58,92	6,37
1884	3 175 289	72 935,7	53,35	6,89
1885	3 291 067	74 486,2	57,54	6,703
1886	2 994 717	78 412,0	47,17	7,818
1887	3 008 760	81 224,3	43,69	8,198
1888	3 221 587	81 844,9	47,03	7,748
1889	3 254 486	85 755,4	47,72	7,455
1890	3 462 878	87 717	44,97	7,057
1891	3 635 344	91 115,2	45,75	6,71
1892	3 554 847	97 926,1	44,43	6,6666
1893	3 613 446	106 067,6	42,51	7,017
1894	3 536 633	107 888,2	40,06	7,0557
1895	3 497 226	110 681,5	35,76	8,0289
1896	3 509 715	114 089,9	81,05	7,595
1897	3 618 387	116 461,7	81,12	8,718
1898	3 797 369	118 571,6	82,96	8,818
1899	4 050 625	120 096,9	84,63	9,23
1900	4 173 195	153 274	78,05	10,286
1901	4 645 711	168 527	80,00	10,136
1902	4 547 516	169 190	78,43	12,205
1903	4 860 064	171 594	82,00	11,623
1904	4 841 568	179 823	80,71	11,666
1905	4 874 534	183 159	75,83	11,69
1906	5 167 711	190 927	80,47	10,98
1907	5 359 677	197 442,04	80,01	12,43

[1] Bis 1896 beziehen sich die Angaben nur auf das für Haus- und Wirtschaftszwecke abgegebene Wasser.

VI. Das Wasserwerk.

Jahr	Abschrei-bungen	Schulden-tilgung und Ver-zinsung	Rein-gewinn[1]	Jahr	Abschrei-bungen	Schulden-tilgung und Ver-zinsung	Rein-gewinn[1]
	Mk.	Mk.			Mk.	Mk.	Mk.
1869				1888	95 019,87	154 796,10	43 872,—
1870				1889	91 650,42	152 170,82	48 457,75
1871				1890	88 166,94	149 835,27	65 868,35
1872				1891	84 562,86	143 874,14	93 549,03
1873				1892	84 608,82	129 099,64	84 881,74
1874				1893	97 336,60	135 877,19	87 926,52
1875				1894	92 771,57	106 291,80	91 322,79
1876				1895	117 075,09	106 331,61	25 329,06
1877				1896	108 304,14	106 331,61	33 727,21
1878				1897	127 106,14	110 950,50	33 633,—
1879	15 539,92	94 169,64		1898	122 148,02	124 366,57	42 184,37
1880	19 341,69	94 169,64		1899	136 319,68	137 564,50	23 343,45
1881	20 398,02	94 169,64		1900	194 744,52	217 288,06	—
1882	22 778,90	102 296,64		1901	201 269,69	182 222,31	5 879,44
1883				1902	192 311,27	182 756,78	10 281,20
1884				1903	155 954,69	191 233,32	8 878,47
1885	31 204,98	117 062,40		1904	162 188,44	190 963,60	30 392,33
1886	34 335,63	123 724,81		1905	174 056,89	189 718,06	25 766,33
1887	61 760,39	154 683,71		1906	166 240,17	184 385,08	48 103,31

Jahr	Beiträge an die Stadtkasse	Jahr	Beiträge an die Stadtkasse
	Mk.		Mk.
1895[2]	153 891,74	1901	131 226,—
1896	155 555,—	1902	117 000,—
1897	139 000,—	1903	131 400,—
1898	127 500,—	1904	131 600,—
1899	130 000,—	1905	170 900,—
1900	133 250,—	1906	140 200,—

[1] Die in Spalte 3 aufgeführten Zahlen geben bis zum Betriebsjahr 1894 den tatsächlichen Reingewinn an. Von diesem Jahre an geben sie nur noch den nach Abzug der an die Kämmereikasse abgeführten Beträge verbleibenden Restgewinn an, der auf das nächste Rechnungsjahr übertragen wird. Eine Tabelle dieser Beträge ist angefügt.

[2] Bis zum Betriebsjahr 1895 fehlen die Angaben über die abgeführten Beträge.

11 Pfg. pro Kubikmeter ausging und bei zunehmendem Wasserverbrauch eine Verbilligung bis zu 30 % bei einer täglichen Wasserentnahme von 350 cbm eintreten ließ.

Die Miete für die Wassermesser wurde nach dem Rohrdurchmesser berechnet. In den folgenden Jahren wurde der Tarif mehrfach geändert; jedoch bezogen sich diese Änderungen meist auf Spezialbestimmungen und sind deshalb unwesentlich.

Ein im Jahre 1886 erlassener Tarif bestimmt, daß der Preis für das cbm Wasser nach Wassermessern 12 Pfg. betragen soll, ohne Rücksicht auf die verbrauchte Menge. Im Jahre 1895 wurde ein neuer Tarif eingeführt, der, wie schon oben erwähnt, der Stadt eine Mehreinnahme von 127 966,55 Mark brachte. Es wurde bestimmt, daß für die Benutzung der Wasserleitung bis zur Höhe von 25 l pro Kopf und Tag 2 % des Nutzungswertes der angeschlossenen Wohnungen von deren Inhabern bezahlt werden sollte, während für das dieses Maß überschreitende Wasserquantum von den Grundstückseigentümern eine Vergütung von 10 bzw. 12 Pfg. pro cbm zu entrichten sei.

Diese Verquickung von Gebühr und Vergütung sowie die ungleichmäßige Wirkung der ersteren ist jedoch vom O.-V.-G. in dem Erk. vom 6. März 1897 für rechtsungültig erklärt worden. Es wurde deshalb am 17. März 1897 eine neue Gebührenordnung erlassen, die bestimmt, daß für die Benutzung der städtischen Wasserleitung eine Gebühr von 16 Pfg. für das cbm erhoben werden soll. Der Wasserverbrauch wird durch den auf jedem angeschlossenen Grundstück aufgestellten Wassermesser angezeigt.

Nach Einführung dieser Gebührenordnung stiegen die Einnahmen für abgegebenes Wasser in dem Berichtsjahre 1897 um 39 737,7 Mk.

Dieser Tarif ist bis jetzt in Geltung geblieben.

Durch die im Jahre 1900 erfolgte Übernahme des Wasserwerkes Giebichenstein, das als Pumpwerk II der Wasserversorgungsanlage angegliedert wurde, wurden die wirtschaftlichen Ergebnisse der letzteren erheblich beeinflußt.

Die wirtschaftlichen Ergebnisse des Pumpwerkes II sind gegenüber denen des Pumpwerkes I sehr ungünstig, da sich im Jahre der Übernahme der Selbstkostenpreis für 1 cbm Wasser auf demselben auf 15,92 Pfg. gegenüber 9,3 Pfg. auf dem Pumpwerk I stellte. Es ergab sich deshalb ein Selbstkostenpreis von 10,280 Pfg. für den ganzen Stadtbezirk.

Dieser hohe Selbstkostenpreis des Wassers führte bei einem Gebührenpreis von 16 Pfg. pro cbm zu einem Fehlbetrage von 28 605,75 Mk.

VI. Das Wasserwerk.

gegenüber dem Voranschlage. Die Folge davon ist eine bedeutende Verringerung des Reingewinnes, und zwar um 16 049,25 Mk.

Diese Fehlbeträge kehren von hieran in der Gewinn- und Verlustrechnung des Wasserwerkes regelmäßig wieder, werden jedoch von Jahr zu Jahr geringer, da die auf dem Pumpwerke II geförderte Wassermenge nicht in dem Maße zunimmt, wie die auf dem Pumpwerk I geförderte.

Das Anlagekapital, welches für die Erbauung des Pumpwerkes I, die Erwerbung des Pumpwerkes II und für die spätere Erweiterung der Anlagen bis zum Schlusse des Betriebsjahres 1906/07 erforderlich gewesen ist, beträgt

6 265 153,64 Mk.

Nach Abrechnung der für die Abnutzung bisher zur Abschreibung gelangten Beträge von zusammen

3 731 919,06 Mk.

verbleibt ein Buchwert des Wasserwerkes von

2 533 234 Mk.

Zum Zweck der Schuldentilgung wurden jährlich erhebliche Summen aus den Betriebsüberschüssen zurückgezahlt. Die Zahlen liegen seit dem Berichtsjahre 1879 vollständig vor und sind in der Tabelle S. 63 aufgeführt.

VII.
Das Elektrizitätswerk.

Das Elektrizitätswerk der Stadt Halle a. S. ist am 28. August 1901 in Betrieb gesetzt. Vor der Betriebseröffnung versorgte ein Provisorium von 250 effektiven Pferdestärken das bereits vorher betriebsfertig verlegte Gleichstromkabelnetz. Das Provisorium hatte den Zweck, Abnehmer für das Werk zu erwerben, damit bei dessen Betriebseröffnung von vornherein eine günstige Belastung vorhanden und dadurch ein wirtschaftlicher Betrieb zu ermöglichen sei. Die gesetzten Erwartungen wurden, wie sich aus den folgenden Zahlen ergibt, vollauf erfüllt:

Bei Inbetriebsetzung des Provisoriums am 15. November 1900 waren insgesamt 22 Abnehmer mit einem Anschlußwert von 182 Kilowatt angeschlossen, und zwar 138 Kilowatt auf Glüh- und Bogenlampen und 44 Kilowatt auf 14 Motoren. Das Provisorium arbeitete bis zum 28. August 1901, an welchem Tage das Hauptwerk in Betrieb genommen wurde. An diesem Tage waren an das Provisorium 140 Abnehmer mit 736 Kilowatt angeschlossen; davon entfielen 510 Kilowatt auf Glüh- und Bogenlampen und 226 Kilowatt auf 93 Motoren.

Auch hinsichtlich des Geldpunktes war, wie sich aus nachstehender Abrechnung ergibt, der Betrieb des Provisoriums günstig:

Die Einnahmen bis 1. Juli 1901 betrugen insgesamt   50 513,07 Mk.
die Ausgaben . . . .   68 817,73 „
so daß das Provisorium mit einem Baukonto von .   18 304,66 „
zu Buche steht. Hierzu ist jedoch zu bemerken, daß in dieser Abrechnung nur die Einnahmen bis 1. Juli 1901 enthalten sind, während die Ausgaben bis 1. September 1901 laufen. Wollte man Einnahmen und Ausgaben auf denselben Zeitpunkt, den 1. September berechnen, so würden sich erstere noch um rund 8500 Mk. höher stellen.

Das am 28. August 1901 dem Betriebe übergebene Hauptwerk ist einem Direktor als technischem Leiter unterstellt. Die Geschäftsführung und Verwaltung des Werkes ist, wie bei anderen gewerblichen Unternehmungen

VII. Das Elektrizitätswerk.

der Stadt Halle a. S., einem aus acht Personen — Magistratsmitgliedern, Stadtverordneten und dem Direktor des Werkes — zusammengesetzten Kuratorium übertragen, welches, um eine möglichst kaufmännische Gestaltung des Betriebes zu gewährleisten, mit weitgehenden Befugnissen ausgestattet ist.

Der Bau des Werkes hat einen Kostenaufwand von 2 997 609,82 Mk. verursacht. Hierzu tritt noch der Grundstückswert mit 126 195 Mk. Über die Aufbringung der hierzu nötigen Mittel, sowie derjenigen, welche bei den späteren Erweiterungen erforderlich wurden, ist weiter unten zu sprechen.

Das Werk war ursprünglich für eine Leistungsfähigkeit von 2500 Kilowatt gebaut. Jedoch machte sich bald eine Erweiterung der Leistungsfähigkeit nötig. Deshalb wurden bereits in den Jahren 1902/03 der Stadtverordnetenversammlung zwei Vorlagen zwecks Bewilligung weiterer Mittel unterbreitet. Die eine forderte 385 000 Mk. zur Aufstellung eines zweiten Umformers, zur Verdoppelung der Akkumulatorenbatterie, zur Verlegung zweier weiteren Hauptspeiseſtränge und zu Zwecken der öffentlichen Straßenbeleuchtung; die andere forderte 603 000 Mk. und war dadurch bedingt, daß durch die Zunahme der Abnehmer die durch die erste Vorlage geforderte Vergrößerung der Leistungsfähigkeit des Werkes kaum zur Deckung des Strombedarfes hingereicht hätte. Diese zweite Vorlage sah die Aufstellung von zwei weiteren Dampfdynamos, acht Dampfkesseln und dem sonstigen Zubehör vor. Nach Ausführung der beiden Vorlagen beträgt die maschinelle Leistungsfähigkeit des Werkes 5000 Kilowatt. Hinsichtlich der Hochbauten und Fundamente ist das Werk jedoch von vornherein für eine Leistungsfähigkeit von 6000 Kilowatt erbaut, so daß sich die Installierung der maschinellen Einrichtung für weitere 1000 Kilowatt zurzeit ohne besondere Schwierigkeiten vornehmen läßt. Es sind zurzeit aufgestellt: 16 Kessel von je 105 qm Heizfläche, 4 Dampfdynamos zu je 900 Kilowatt, eine Akkumulatorenbatterie von 1400 Kilowatt und 2 Umformer von je 450 Kilowatt. Die hierzu nötigen Mittel sind folgendermaßen aufgebracht: Das Baugrundstück im Werte von 126 195 Mk. wurde von der Stadt zur Verfügung gestellt. Der Wert des Grundstückes ist mit 4 % zu verzinsen und mit 1 % zu tilgen.

Ferner wurden zum Bau und zu den notwendig gewordenen Erweiterungen aus dem Kämmereivermögen und seitens der städtischen Sparkasse folgende Darlehen gegeben:

Zunächst zum Bau ein solches von 3 000 000 Mk., verzinslich mit $3^3/_4$ %, zu tilgen mit 1 %, ferner zur Deckung der restlichen Baukosten ein Darlehen von 137 445,67 Mk. mit 4 % verzinslich, mit 3 % zu tilgen. Die oben erwähnten Erweiterungen machten sodann die Aufnahme eines weiteren Darlehens im Betrage von 968 000 Mk. mit 3,6 % verzinslich und mit 3 % zu tilgen nötig, sowie eines solchen von 80 000 Mk. zur Erweiterung des Kabelnetzes, mit 4 % zu verzinsen, mit 5 % zu tilgen. Schließlich ist im Jahre 1906 für den 1. April 1908 ein Darlehen von 500 000 Mk. zur Vermehrung der Hauptspeisekabel bewilligt worden, welches mit 3,6 % zu verzinsen und mit 2,4 % zu tilgen ist.

Die bisher für das Werk aufgewendeten Beträge machen die Summe von 4 732 218,05 Mk. aus, die sich auf die einzelnen Konten und Jahre folgendermaßen verteilt:

Gestehungswert Stand	Bezeichnung der Konten			
	Grund und Boden Mk.	Hochbauten, einschl. Pflaster, Einfriedigung, Außenbeleuchtung Mk.	Maschinelle Einrichtung, einschl. Werkzeuge und Laboratorium Mk.	Kabelnetz, einschl. Transformatoren und Verteilungsstation Mk.
vom 31. März 1902	126 195	802 158,08	1 233 424,62	891 476,17
" 31. " 1903	126 195	802 158,08	1 242 919,41	914 756,44
" 31. " 1904	126 195	829 640,49	1 445 763,57	1 028 250,08
" 31. " 1905	126 195	853 691,08	1 833 729,51	1 194 690,56
" 31. " 1906	126 195	853 691,08	1 839 773,23	1 231 822,69
" 31. " 1907	126 195	854 829,61	1 878 284,91	1 535 012,91

Gestehungswert Stand	Bezeichnung der Konten			Gesamtsumme
	Zähler Mk.	Amtszimmereinrichtung Mk.	Straßenbeleuchtung Mk.	Mk.
vom 31. März 1902	62 035,05	8351,75	—	3 123 640,67
" 31. " 1903	99 323,05	8351,75	47 893,70	3 241 627,43
" 31. " 1904	121 819,30	8351,75	113 238,60	3 673 259,59
" 31. " 1905	146 121,18	8351,75	141 364,72	4 304 143,80
" 31. " 1906	164 191,85	8351,75	141 364,72	4 365 390,32
" 31. " 1907	188 179,15	8351,75	141 364,72	4 732 218,05

Das System des Werkes ermöglicht es, die Betriebsmaschinen nur dann laufen zu lassen, wenn dieselben möglichst voll belastet werden können; im übrigen übernehmen die Akkumulatoren den Betrieb. Auf diese Weise wird einerseits der wirtschaftlichste Effekt der Anlage erzielt, andererseits kann man mit einem äußerst geringen Personal auskommen. Es sei an dieser Stelle erwähnt, daß das zum Betriebe des Werkes nötige Personal im Jahre 1901 38 Personen, im Jahre 1906 jedoch 71 Personen betrug.

Wie bereits oben erwähnt, hatte das Werk bei seiner Betriebseröffnung 140 Abnehmer mit insgesamt 736 angeschlossenen Kilowatt. Die weitere Entwicklung der Zahl der Abnehmer ergibt sich aus folgender Tabelle:

VII. Das Elektrizitätswerk.

Das Versorgungsgebiet des Werkes.

Stand am	Anzahl			Angeschlossene Kilowatt		
	Abnehmer	Zähler	Motoren	Licht	Kraft	Insgesamt
28. August 1901	140	190	93	510	226	736
31. März 1902	287	387	150	867,6	388,6	1256,6
31. „ 1903	462	602	225	1346,4	696,8	2043,2
31. „ 1904	621	723	305	1775,9	1050,2	2826,1
31. „ 1905	879	1030	434	2202,79	1694,87	3897,66
31. „ 1906	1073	1248	567	2480,86	2221,52	4702,38
31. „ 1907	1269	1473	714	2911,57	2822,35	5733,92
Zunahme gegenüber dem Vorjahre 1901	147	197	57	357,6	162,6	520,2
1902	175	215	75	478,8	308,2	787
1903	159	121	80	429,5	353,4	782,9
1904	258	307	129	426,89	644,67	1071,56
1905	194	218	133	278,07	526,65	804,72
1906	196	225	147	430,71	600,83	1031,54

Im besonderen waren am 31. März 1907 an das Werk angeschlossen:

37 968 Glühlampen zu 16 Kerzen,
2201 Bogenlampen,
237,86 Kilowatt für Lichtbäder und sonstige technische und medizinische Zwecke,
253 Elektromotoren bis zu 1 Pferdekraft,
314 „ von 1 bis 5 Pferdekräften,
96 „ „ 5 „ 10 „
51 „ mehr als 10 Pferdekräften.

Das gesamte zum Betriebe dieser Anlagen nötige Kabelnetz hatte am 31. März 1907 eine Betriebsstreckenlänge von 98,18 km gegen 49,1 km am 28. August 1901. Die 1007 Hausanschlüsse stellen eine Betriebsstrecke von 8,23 km Länge dar.

Die Entwicklung des Strombedarfes in den einzelnen Betriebsjahren ergibt sich aus folgender Übersicht:
(Siehe die Tabelle S. 70.)

Dazu sei bemerkt, daß im Betriebsjahre 1906/07 insgesamt
4 612 000 Kilowattstunden erzeugt,
3 869 664 „ an die Netze abgegeben,
3 403 000 „ bei den Abnehmern verbraucht
wurden, so daß sich für die total im Werke erzeugten und insgesamt an die Netze abgegebenen Kilowattstunden ein mittlerer Jahreswirkungsgrad von

Betriebsjahr	Anzahl der verbrauchten Kilowattstunden		
	Licht	Kraft	Insgesamt
1901	214 062,66	125 922,95	339 985,61
1902	545 301,82	411 161,10	956 462,92
1903	933 312,46	601 111,98	1 534 424,44
1904	1 190 088	869 361	2 059 449
1905	1 509 854	1 261 201	2 771 055
1906	1 798 726	1 604 274	3 403 000
Zunahme gegenüber dem Vorjahre 1902	331 239,16	285 238,15	616 477,31
1903	388 010,64	189 950,88	577 961,52
1904	256 775,54	268 249,02	525 024,56
1905	319 766	391 840	711 606
1906	288 872	343 073	631 945

$\frac{3\,869\,664}{4\,612\,000} = 84\,\%$ ergibt, d. h. es gingen durch Umformung in Gleich- und Drehstrom und umgekehrt und durch Laden der Akkumulatorenbatterie 16 % der total erzeugten Energie verloren.

Für die total an die Netze abgegebenen Kilowattstunden und die von den Abnehmern insgesamt verbrauchten stellt sich der mittlere Jahreswirkungsgrad im Betriebsjahre 1906/07 auf $\frac{3\,403\,000}{3\,869\,664} = 88\,\%$, d. h. es gingen in den Netzen 12 % der an dieselben gelieferten Energie verloren. Der mittlere Jahreswirkungsgrad endlich der im Werk total erzeugten und insgesamt von den Abnehmern verbrauchten Kilowattstunden stellt sich für 1906/07 auf $\frac{3\,403\,000}{4\,612\,000} =$ rund 74 %, d. h. es gingen in den Netzen und durch Umformen und Aufspeichern der total erzeugten Energie bis zur Verbrauchsstelle 26 % verloren.

Die oben mitgeteilten Zahlen über die Entwicklung des Versorgungsgebietes und der Stromabnahme lassen erkennen, daß das Werk sich in den ersten fünf Jahren seiner Entwicklung einer ständig steigenden Abnehmerzahl zu erfreuen gehabt hat. Die rasche Entwicklung des Werkes ist in erster Linie mit durch den für die Stromabnahme geltenden Tarif günstig beeinflußt worden, der sowohl den Bedürfnissen der Groß- wie der Kleinabnehmer Rechnung trägt. Die Preisberechnung für die innerhalb eines Rechnungsjahres (1. April bis 31. März) bezogene elektrische Energie erfolgt nach dem Stromverbrauch, welcher durch den aus Kilowattstunden- und Zeit-Zähler bestehenden Elektrizitätsmesser angezeigt wird. Der erstere

VII. Das Elektrizitätswerk.

Zähler vermerkt die verbrauchten Kilowattstunden, der letztere die Zeitstunden, während welcher mindestens die Hälfte der im täglichen Gebrauch regelmäßig benutzten Höchstanzahl von Glühlampen bzw. Pferdestärken in Wirkung tritt. Diese Höchstanzahl von Glühlampen bzw. Pferdestärken stellt die Verwaltung des Werkes für Neuanlagen bei Anschluß derselben, für angeschlossene Anlagen jeweils im letzten Vierteljahr des laufenden Rechnungsjahres als maßgebend für das folgende Rechnungsjahr fest. Der Preis für die Kilowattstunde beträgt bei Verwendung der Energie zu:

I. Lichtzwecken:
während der ersten 300 durch den Zeitzähler vermerkten Zeitstunden . . . . 60 Pfg.
von da ab . . . . 20 „

II. Kraft und sonstigen technischen Zwecken, Heizung:
während der ersten 300 durch den Zeitzähler vermerkten Zeitstunden . . . . 20 Pfg.
von da ab . . . . 10 „

In Anwendung dieses Tarifes wurden in den einzelnen Betriebsjahren von den Abnehmern folgende Stromgeldbeträge vereinnahmt:

Betriebs-jahr	Vereinnahmte Stromgeldbeträge in Mark		
	Licht	Kraft	Insgesamt
1901	92 748,65	16 737,12	109 485,77
1902	205 863,32	64 303,17	270 166,49
1903	319 636,63	84 435,98	404 072,61
1904	383 274,76	105 666,89	488 941,65
1905	456 266,57	145 830,92	602 097,49
1906	526 123,55	186 875,00	712 998,55

Der Durchschnittspreis der in den einzelnen Betriebsjahren an die Abnehmer ausschließlich Treppen- und Straßenbeleuchtung abgegebenen Kilowattstunden stellt sich wie folgt:

Betriebs-jahr	Durchschnittspreis der abgegebenen Kilowattstunde in Pfennigen		
	Licht	Kraft	Licht und Kraft
1901	43,3	13,3	32,3
1902	37,8	15,6	28,3
1903	34,3	14	26,4
1904	32,2	12,2	23,7
1905	31,6	11,9	22,6
1906	29,9	11,9	20,7

Nähere Bezeichnung	Betriebsjahr					
	1901	1902	1903	1904	1905	1906
	Mk.	Mk.	Mk.	Mk.	Mk.	Mk.
Einnahme:						
Verwaltung	—	11 488,25	857,60	1 216,12	1 085,00	1 247,33
Betriebsanlagen	7 777,21	92,60	9 871,11	3 608,67	6 352,13	8 183,19
Betrieb	3 069,45	—	2 213,80	1 157,75	1 596,65	2 568,60
Stromgeld und Zählermiete	126 649,99	264 495,63	361 997,86	430 370,07	547 253,43	663 148,51
Öffentliche Straßenbeleuchtung	—	16 003,60	56 019,68	76 146,27	79 261,20	78 886,15
Hausanschlüsse	—	—	—	15 434,20	22 645,05	24 831,77
Kapital- und Schuldenverwaltung	775,50	3 238,90	451,39	21 811,09	1 198,14	1 299,97
Insgemein	—	—	36,08	199,58	36,84	11 198,70
Summa	138 272,15	295 318,98	431 447,52	549 943,75	659 428,44	791 364,22
	Mk.	Mk.	Mk.	Mk.	Mk.	Mk.
Ausgabe:						
Verwaltung	18 691,07	29 158,83	32 355,94	34 325,69	37 881,77	37 644,44
Betriebsanlagen	4 292,12	10 206,85	13 910,87	14 072,50	26 947,07	45 194,—
Betrieb	56 829,31	88 411,61	95 776,48	111 176,93	143 310,87	178 890,09
Stromgeld und Zählermiete (Erstattungen)	215,71	41,25	101,22	186,72	223,17	220,47
Öffentliche Straßenbeleuchtung	—	3 904,19	15 553,77	22 948,14	25 869,64	26 615,75
Hausanschlüsse	—	—	—	13 050,94	20 121,13	18 331,39
Zinsen	69 084,17	110 934,40	122 108,55	143 588,52	152 523,99	153 819,80
Tilgung	—	31 261,95	36 435,80	68 153,23	51 164,35	55 214,52
Erneuerungsfonds	47 127,00	85 800,—	90 000,00	90 000,—	119 040,—	119 040,—
Insgemein	—	1 500,—	1 103,17	2 218,82	4 109,87	5 215,48
Summa	196 239,38	361 219,08	407 345,80	499 721,49	581 141,86	639 685,94
Bilanz:						
Zuschüsse	57 967,23	65 900,10	—	—	—	—
Überschüsse	—	—	24 101,72	50 222,26	78 286,58	151 678,28

VII. Das Elektrizitätswerk.

Von den einzelnen Abnehmerarten, gleichgültig ob Groß- oder Kleinabnehmer, wurden im Jahre 1906 folgende Durchschnittspreise für die verbrauchte Kilowattstunde erzielt:

Licht
- Bureaus 35,5 Pfg.
- Läden 30,7 „
- Wohnungen 30,8 „
- Hotels und Wirtschaften 25,0 „

Kraft 11,9 „

Ferner ist von den Abnehmern eine Mietsgebühr für die im Eigentum der Stadtgemeinde stehenden Elektrizitätsmesser zu entrichten, die je nach der Größe des Apparates bzw. der Anlage zwischen 10 und 80 Mk. pro Jahr beträgt.

Die bei Herstellung eines Hausanschlusses entstehenden Kosten fallen teils der Stadt teils dem Abnehmer zur Last.

Die Tabelle S. 72 gibt eine Übersicht über die in den ersten sechs Betriebsjahren erzielten Rechnungsabschlüsse.

Zur Erläuterung dieser Abschlüsse mögen noch folgende Angaben dienen:

Seit 1903 ist das Werk selbständig in der Lage gewesen, nicht nur sämtliche Ausgaben, einschließlich Verzinsung, Tilgung und Erneuerung zu decken, sondern auch nicht unbedeutende Überschüsse zu erzielen.

Aus den Überschüssen sind teils dauernd rentierliche Neuanlagen beschafft worden, so sind z. B.

im Jahre 1904   39 065,86 Mk.
„   „   1905   30 000,00 „
„   „   1906   68 617,13 „

zu laufenden Kabelnetzerweiterungen, Beschaffung von Zählern und sonstigen Ergänzungen im Werke aufgewendet worden. Teils ist der Überschuß an die Kämmereikasse abgeführt worden, so z. B.

im Jahre 1905   16 000 Mk.
„   „   1906   34 000 „

Ferner sieht der Etat für 1907 solche Abführungen in Höhe von 110 000 Mk., der Etat für 1908 solche von 170 000 Mk. vor.

Der Erneuerungsfonds des Werkes wird jährlich mit rund 3 % des Anlagewertes dotiert. Die bis zum Jahre 1906 einschl. dafür aufgewendeten Beträge zuzüglich Zinsen belaufen sich auf 540 373,42 Mk.

Getilgt sind bis zum gleichen Zeitpunkte 242 229,85 Mk. Zum Schluß sei erwähnt, daß für das Jahr 1906 der Bruttoüberschuß, d. h. die erzielten Einnahmen minus der Ausgabe ohne Verzinsung, Tilgung und Erneuerung 12,18 % des Buchwertes des Anlagekapitals ausmacht.

VIII.
Das Stadttheater.

Im Jahre 1879 erwarb die Stadt von der „Theatergesellschaft" ein 1836 errichtetes Theatergebäude, beschloß aber wenige Jahre darauf, veranlaßt durch die Wiener Ringtheaterkatastrophe, dieses nicht genügend feuersichere Gebäude durch einen Neubau zu ersetzen, der am 9. Oktober 1886 eröffnet wurde. Der gesamte Kostenaufwand für das neue, mit besonderer Rücksicht auf Feuersicherheit erbaute Theater betrug 1 282 871 Mk., von denen 35 528 Mk. durch Zuwendungen Privater gedeckt wurden, während der Rest aus zwei städtischen Anleihen bestritten wurde. Der Betrieb des Theaters wurde gegen eine Jahresmiete von 26 000 Mk. verpachtet, die seit dem 1. September 1907 auf 31 000 Mk. erhöht ist. Vom 1. Oktober 1908 tritt dazu noch 5 % des Anlagewertes eines im Bau begriffenen Magazingebäudes. Die Stadt hat dagegen dem Pächter die Heizung, Beleuchtung und Betriebskraft zu liefern, während der Vorstellung eine Feuerwache zu stellen und die Besoldung des Maschinenpersonals zu tragen. Als weitere Einnahmequelle ist die Verpachtung der Restaurationsräume für anfänglich 8000 Mk., jetzt 4200 Mk. zu nennen.

Beide Pachtsummen genügen jedoch nicht, um die Ausgaben, die der Stadt infolge der eben erwähnten Verpflichtungen, dann durch die Erhaltung und Erneuerung des Gebäudes und des Inventars, endlich durch die Verzinsung und Tilgung des Anlagekapitals entstehen, zu decken, so daß das Theater ständig, teilweise sogar recht erhebliche Zuschüsse erfordert hat. Dabei ist allerdings nicht zu übersehen, daß die Tilgungsquote der beiden Anleihen von ursprünglich 1 bzw. $1^{1}/_{4}$ % ständig gewachsen ist, da ihr auch die durch die Tilgung ersparten Zinsen zugeflossen sind. In den Etat 1908 sind beispielsweise für Verzinsung 29 155 Mk. = $3^{1}/_{2}$ % des gegenwärtigen Buchkapitals, für Amortisation 28 465 = rund 3,5 % des Buchkapitals oder rund 2,2 % des ursprünglichen Anlagekapitals eingestellt. Die wirkliche Wertminderung und damit der als wirkliche Amortisation anzusprechende Teil der Tilgungsquote dürfte aber nicht unwesentlich geringer sein.

Betriebsrechnung für das Stadttheater.

Jahr	Einnahme Mk.	Ausgabe Mk.	Zuschuß Mk.	Bemerkungen
1886/87	?	36 411	?	
1887/88	37 212	50 312	13 100	
1888/89	44 162	57 752	13 589	
1889/90	40 267	60 063	19 796	
1890/91	39 738	61 409	21 671	
1891/92	39 132	65 902	26 770	
1892/93	37 508	69 066	31 558	
1893/94	37 577	57 993	20 416	
1894/95	37 936	63 876	25 940	
1895/96	33 994	55 754	19 760	
1896/97	36 810	59 036	22 226	
1897/98	39 501	51 880	12 379	
1898/99	43 343	54 758	11 415	
1899/1900	40 095	51 123	11 028	
1900/01	43 249	51 360	8 111	
1901/02	41 620	51 488	9 868	
1902/03	40 620	111 962	71 342 [1]	[1] Umänderung der maschinellen Einrichtung.
1903/04	39 897	61 269	21 372	
1904/05	41 021	71 938	30 917	
1905/06	39 592	75 301	35 709 [2]	[2] Erneuerung der Restaurationsräume.
1906/07	39 421	70 393	30 972	
1907/08	36 942	70 491	33 549	

IX.
Das Grundeigentum.

Das Grundeigentum der Stadt Halle a. S. setzt sich zusammen aus geschlossenen Gütern, Acker- und Wiesengrundstücken, Gärten, Plätzen, Baustellen, Hausgrundstücken, Türmen und sonstigen Baulichkeiten. Das gesamte Grundeigentum hatte nach dem Verwaltungsbericht der Stadt Halle a. S. für 1906 Ende März 1907 einen Gesamtwert von 24 437 859,23 Mk. und einen Jahresnutzungswert von 871 707 Mk.

Gegenwärtig stehen im Eigentum der Stadt drei geschlossene Güter, nämlich das Rittergut Beesen und Ammendorf, das Landgut Gimritz und das Stadtgut Halle a. S. Das erstgenannte Rittergut gehört der Stadt bereits seit einer Reihe von Jahrzehnten. Der Flächengehalt des Gutes beläuft sich auf rund 350 ha mit einem Werte von 674 000 Mk. Das Landgut Gimritz ist seitens der Stadt durch Vertrag vom 26. Juni 1888 käuflich erworben; es hat eine Größe von 372 ha und einen Wert von 1 029 700 Mk. Das Stadtgut endlich ist anfangs der neunziger Jahre des vergangenen Jahrhunderts aus einer Reihe der Kämmerei-, der Armen- und Gottesackerkasse und dem Hospital gehörigen Ländereien gebildet worden. Der der Kämmerei gehörige Anteil weist eine Größe von rund 38 ha auf mit einem Werte von 506 800 Mk. Die zu den drei genannten Gütern gehörigen Ländereien bestehen aus Acker- und Wiesenflächen, sowie aus Holzung und sind teilweise in unmittelbarer Nähe der Stadt gelegen. Ein Teil der Ländereien wird später mit Vorteil zu Bauland Verwendung finden. Gegenwärtig sind alle drei Güter verpachtet und bringen an Jahrespacht der Stadt 79 077 Mk. ein. Ein viertes früher geschlossenes Gut, das Rittergut Freiimfelde, östlich der Stadt gelegen, ist im Laufe der Jahre in seinem Bestande so verringert, daß es eine geschlossene wirtschaftliche Einheit nicht mehr darstellt. Die zu dem früheren Rittergute gehörigen Parzellen in ungefährer Größe von 30 ha sind zum Teil einzeln verpachtet. Sie

IX. Das Grundeigentum.

haben einen Wert von 1 216 840 Mk. und bringen eine Jahresnutzung von 5390 Mk. Der verhältnismäßig hohe Wert dieses Teiles des städtischen Grundbesitzes erklärt sich daraus, daß die Ländereien zum größten Teil unmittelbar vor den Toren der Stadt gelegen sind, in einer Gegend, wo die Bautätigkeit der letzten 15 Jahre einen ganzen Stadtteil neu hat erstehen lassen. Die Stadt besitzt in diesem Teile ihres Grundbesitzes wertvolle, der späteren Bebauung harrende Ländereien.

Außer diesen früher zum Rittergut Freiimfelde gehörigen Parzellen weist der Grundbesitz der Stadt noch weitere 10 einzelne Ackergrundstücke in ungefährer Größe von 63 ha und einem Werte von 982 640 Mk. auf, die eine Jahresnutzung von 3774 Mk. bringen.

Hierzu treten acht Wiesengrundstücke. Die Grasnutzung derselben ist verpachtet, auch sind die Wiesen teilweise in Promenadenanlagen verwandelt. Sie haben zusammen einen Wert von 198 030 Mk. bei einer Jahresnutzung von 3701 Mk. Für Bebauungszwecke kommen sie, weil größtenteils im Überschwemmungsgebiete der Saale gelegen, weniger in Betracht.

Außer den bisher aufgeführten Acker- und Wiesengrundstücken besitzt die Stadt noch 39 weitere Landparzellen: Gärten, Plätze, Baustellen und sonstige nutzbare Grundstücke im Werte von 2 781 016 Mk. mit einer Jahresnutzung von 48 768 Mk. Dieselben sind teils als Gärten oder ihrer sonstigen wirtschaftlichen Eigenart entsprechend verpachtet, teils sind sie als Promenaden oder Parkanlagen dem öffentlichen Verkehr übergeben. Andere wiederum dienen als Lagerplätze für Baumaterialien den Zwecken der Stadt, schließlich wird hierzu auch die Obstnutzung auf den der Stadt gehörigen Chausseen, Straßen und Plätzen gerechnet.

Den letzten Teil des städtischen Grundeigentumes bilden die der Stadt gehörigen Hausgrundstücke, Türme und sonstigen Baulichkeiten, die mit einem Werte von 17 048 233,23 Mk. und einer Jahresnutzung von 730 997 Mk. verzeichnet sind. Hierzu ist jedoch zu bemerken, daß der aufgeführte Wert bei einzelnen Baulichkeiten, z. B. den städtischen Türmen, offenbar zu hoch angenommen ist. Man ist deshalb jetzt am Werke, den Wert dieser Baulichkeiten von neuem den Verhältnissen entsprechend abzuschätzen.

Von den gesamten Baulichkeiten haben die städtischen Verwaltungs- und Schulgebäude, sowie eine Reihe anderer öffentlichen Zwecken dienender Baulichkeiten einen Wert von 12 655 883,92 Mk. und eine Jahresnutzung von 730 997 Mk.

Hierzu treten 25 vermietete Gebäude, deren Wert sich auf 4 392 349,31 Mk. beläuft bei einer Jahresnutzung von 233 262 Mk.

Die folgende Tabelle dient dazu, zusammenfassend einen Überblick über das Grundeigentum der Stadt Halle a. S. zu geben:

Bezeichnung	Jahresnutzung Mk.	Wert Mk.
Geschlossene Güter	79 077	2 211 100
Ackergrundstücke	9 164	2 199 480
Wiesengrundstücke	3 701	198 030
Gärten, Plätze, Baustellen usw.	48 768	2 781 016
Hausgrundstücke, Türme	730 997	17 048 233,23
Summe	871 707	24 437 859,23

X.
Das Straßenreinigungswesen.

Auf Grund des Beschlusses der Stadtverordnetenversammlung vom 8. Oktober 1906 wurde am 1. April 1907 die Reinigung sämtlicher Straßen und Plätze einschließlich der Bürgersteige in städtische Regie übernommen, nachdem diese Frage schon jahrelang vorher Gegenstand lebhaftester Erörterung gewesen war.

Die Aufgaben der Straßenreinigungs-Anstalt sind:
1) Reinigen der Straßen,
2) Besprengen derselben,
3) Beseitigung von Schnee und Eis,
4) Desinfizieren der in öffentlichen Gebäuden befindlichen Bedürfnisanstalten.

Hauptaufgabe des Instituts ist naturgemäß die Reinigung der Straßen, die früher den Anliegern, und zwar wöchentlich zweimal, oblag.

Die im gesamten Stadtgebiete vorhandene zu reinigende Fläche beläuft sich auf 1 849 828 qm, wovon

auf Fahrbahnfläche 1 014 653 qm,
auf Bürgersteige 727 175 qm
und auf Außenstraßen 108 000 qm entfallen.

Das Reinigungsbedürfnis einer Straße wächst natürlich mit der Lebhaftigkeit des in ihr herrschenden Verkehrs. So wurde denn für die Hauptstraßen eine tägliche, für Straßen mit lebhafterem Verkehr eine wöchentlich 3—4 malige, für die übrigen Straßen eine wöchentlich zweimalige Reinigung mit der Maschine vorgesehen. Chaussierte und Außenstraßen werden nach Bedarf mit der Maschine oder Hand gereinigt. Daneben sind noch sogenannte Stehposten eingerichtet, die dazu bestimmt sind, plötzlich eintretende, ins Auge fallende Verunreinigungen der Straßen sofort zu beseitigen. Außerdem bleiben die Anlieger zur Beseitigung von außergewöhnlichen, z. B. durch Abladen von Kohlen usw. entstandenen Verunreinigungen verpflichtet.

Zur Bewältigung der dem Institute hiernach obliegenden Aufgaben wurden zunächst 26 Pferde im Werte von 38 000 Mk., sowie neun Kehrmaschinen nebst 10 Kehrichtabfuhrwagen, daneben noch eine große Zahl anderer Apparate (Sprengwagen, Karren usw.) angeschafft.

Das zum Betriebe der Anstalt nötige Personal stellte sich im Jahre 1907 auf 138 Köpfe, wovon 1 Schmied, 6 Vorarbeiter, 20 Kutscher, 104 Arbeiter, der Rest Aufsichts= und Bureaupersonal sind.

Die an das Personal zu zahlenden Löhne stellen sich wie folgt. Es erhalten

    Vorarbeiter   3,30 Mk. pro Tag
    Kutscher   3,10—3,50 „ „ „
    Arbeiter   2,80—3,20 „ „ „
    Arbeitsburschen 2,25—2,80 „ „ „

während der Schmied 30 Mk. Wochenlohn erhält.

Den Arbeitern wird außerdem an Dienstkleidung Rock, Mütze und wasserdichte Jacke gewährt. An Wohlfahrtseinrichtungen zu gunsten der Arbeiter sei ferner erwähnt, daß dieselben vor Anfang der um 5 Uhr morgens beginnenden Arbeitszeit sowie in den Pausen Kaffee verabreicht bekommen, auch erhält jeder über 25 Jahre alte, mindestens fünf Jahre in städtischen Diensten beschäftigte Arbeiter jährlich einen Erholungsurlaub von sieben Tagen unter Fortzahlung des Lohnes.

Die tägliche Arbeitszeit dauert von früh 5 Uhr mit $1^{1}/_{2}$= bzw. zweistündiger Mittags= und je $^{1}/_{2}$ stündiger Frühstücks= und Vesperpause bis $^{1}/_{2}$6 Uhr abends.

Bezüglich der Kostenfrage des Instituts sei erwähnt, daß zu den ersten einmaligen Anschaffungen insgesamt 244 266,41 Mk. bewilligt bzw. nachbewilligt sind. Für laufende Ausgaben wurden zunächst 187 635 Mk., später weitere 63 214 Mk., insgesamt 250 849,60 Mk. ausgeworfen. Verbraucht sind 225 779,44 Mk., so daß sich für das Jahr 1907 eine Ersparnis von 25 070,16 Mk. ergibt.

Die einmaligen Ausgaben sind aus Anleihemitteln, die laufenden Ausgaben werden aus den allgemeinen Einnahmequellen der Stadt gedeckt. Die eigenen Einnahmen des Institutes sind verhältnismäßig sehr geringe. Sie betrugen laut Etat für 1907 5350 Mk., wovon allein aus dem Verkauf von Dünger und Kehricht 4000 Mk. zu lösen waren. Gebühren für die Straßenreinigung werden von den Anliegern nicht erhoben. Die

X. Das Straßenreinigungswesen.

folgenden Zahlen endlich mögen noch einen Überblick über die Tätigkeit des Institutes im ersten Betriebsjahr geben. Es sind im Jahre 1907

        8158 Fuhren Kehricht mit . . . . 16 316 cbm Ladung,
         576 Fuhren Schnee mit . . . . 1 152 „   „
         236 Fuhren Sand zum Streuen mit 354 „   „
insgesamt 8970 Fuhren mit . . . . 17 822 „   „

befördert worden.

Ferner wurden zur allgemeinen Straßenbesprengung während der warmen Jahreszeit 34 598 cbm Wasser, sowie zum Spülen und Anfeuchten der Straßen vor der Reinigung 8376 cbm Wasser, insgesamt 42 974 cbm Wasser versprengt.

XI.
Das Eich- und Wageamt.

Zur Prüfung der im öffentlichen Verkehr befindlichen Maße und Gewichte hatte die Stadt schon in der ersten Hälfte des 19. Jahrhunderts ein städtisches Eichamt eingerichtet, das mit einer öffentlichen Wage verbunden war. Der erste städtische Verwaltungsbericht (1856/57) erwähnt, daß es bis 1847 in einem gemieteten Lokal untergebracht war und in diesem Jahre in ein eigenes Ratswagegebäude verlegt wurde. Zugleich wurde es täglich für den Verkehr mit dem Publikum geöffnet, wodurch sich der Verkehr so hob, daß in dem genannten Jahre kein Zuschuß aus der Stadtkasse verlangt wurde. Im Jahre 1856 brachte das Amt bei 1947 Taler Einnahme bereits einen Überschuß von 618 Taler, wovon allerdings noch Miete für die benutzten Räumlichkeiten in Abzug zu bringen ist.

Der Geschäftsverkehr des Amtes hielt sich in diesen Jahren noch in engen Grenzen. Für 1856 werden als geeicht angegeben: 8243 Gewichte, 683 Hohlmaße, 1199 Quartmaße, 170 Längenmaße, 12 Streichhölzer, 40 Fässer, 406 Wagenbalken, 21 Brückenwagen, zusammen 10874 Stück. Das Jahr 1866 brachte eine Unterbrechung der Geschäftstätigkeit. Es wurde eine königliche Eichungskommission errichtet, die am 1. Oktober 1866 die bisher von dem Amt ausgeübten Obliegenheiten mitübernahm. Diese Kommission wurde aber im Jahre 1869 infolge der Errichtung des Provinzial-Eichungsamtes in Magdeburg wieder aufgehoben und der Magistrat setzte daher mit Genehmigung der Regierung wiederum ein Eichungsamt ein, das seine Tätigkeit am 1. Februar 1870 aufnahm. Ein Kuratorium aus zwei Magistratsmitgliedern und zwei Stadtverordneten wurde mit seiner Oberleitung betraut. Auch der Verkauf von Maßen aller Art wurde von dem Amt mitübernommen; er ist in der Folge beibehalten worden und hat, ohne freilich großen Umfang anzunehmen, ständig kleine Überschüsse geliefert. Der Eichungsverkehr war in der ersten Zeit nach der Neuorganisation zunächst nur gering; im Jahre 1870 wurden nur 9990 Gegenstände zur Eichung gebracht. Die Mitte der siebziger Jahre brachte aber infolge der

Verschärfung der polizeilichen Maß- und Gewichtsrevisionen eine sehr starke Zunahme, so daß 1877 106050 Stück, 1878 115368 Gegenstände zur Eichung kamen. Im Jahre 1882 stieg die Zahl der geeichten Stücke auf 234718, um späterhin wieder erheblich zurückzugehen. In dem letzten Geschäftsjahr 1907/08 betrug sie nur noch 23797, die sich wie folgt verteilen: Längenmaße 55, Flüssigkeitsmaße 254, Meßwerkzeuge für Flüssigkeiten 5, Fässer 10261, Hohlmaße für trockene Körper 140, Karren usw. 5, Gewichte 10156, Wagen aller Art 1088, Gasmesser 1833. Außerdem wurden 6048 Gegenstände nachgeprüft und von dem Wageamt 3180 Wiegescheine ausgestellt.

In der Organisation des Amtes ist mit dem 1. April 1908 eine wichtige Änderung eingetreten, indem seine Kasse aus einer rechnungslegenden Spezialkasse mit eigenem Vermögen in eine Einnahmekasse der Stadthauptkasse umgewandelt worden ist.

Die Aufgabe des Amtes, das in erster Linie dazu bestimmt ist, den Interessen des Handels und der Industrie der Stadt zu dienen, konnte natürlich nicht in der Herauswirtschaftung von hohem Gewinne bestehen und die Gebühren wurden dementsprechend nur niedrig bemessen. Nichtsdestoweniger sind aus seinem Betriebe der Stadt fast alljährlich kleine Überschüsse zugeflossen. Sie betrugen in den letzten Jahren: 1900: 3000 Mk., 1901: 3000 Mk., 1902: 6500 Mk., 1903: 4500 Mk., 1904: 4500 Mk., 1905: 4000 Mk., 1906/07 ($^{5}/_{4}$ Jahre): 8000 Mk., 1907/08: 13303 Mk. In letztgenannter Summe ist jedoch auch das angesammelte Vermögen des Amtes mitenthalten, das infolge der soeben erwähnten Organisationsänderung an die Stadthauptkasse abgeführt wurde. Der eigentliche Gewinn des Jahres 1907/08 stellte sich auf 8318,71 Mk., wovon 1433,23 Mk. auf das Handelsgeschäft, 468,68 Mk. auf das Wageamt und 6416,80 Mk. auf das Eichgeschäft entfallen, wobei sämtliche sachlichen Ausgaben und Besoldungen letzterem angerechnet worden sind. Auf die einzelne Eichung und Prüfung entfällt demnach ein Durchschnittsverdienst von rund 22 Pf., auf die einzelne Wägung ein solcher von rund 15 Pf. und auf den Gesamtdurchschnitt der vorgenommenen Arbeiten ein solcher von rund 21 Pf. Die Zahlen zeigen, daß eine irgendwie erhebliche Belastung des Verkehrs durch die Erzielung der Überschüsse des Amtes nicht stattgefunden hat.

XII.
Die Straßenbahnen.

Das Wachstum der Stadt, deren Ausdehnung durch ihre Lage zwischen der Saale einerseits, dem Gelände der Staatsbahn andererseits vorwiegend in einer Richtung, der Nordrichtung, vor sich gehen mußte und die dadurch bewirkten verhältnismäßig großen Entfernungen, veranlaßten schon Ende der siebziger Jahre die Stadtverwaltung, sich mit dem Plan einer Straßenbahn zu beschäftigen. Im Jahre 1880 wurde ein Projekt ausgearbeitet, man entschloß sich aber, den Bau und Betrieb einer Privatgesellschaft, der Halleschen Straßenbahngesellschaft, zu übertragen, die am 15. Oktober 1882 den Betrieb eröffnete. Die notwendigen Straßenverbreiterungen hat die Stadt ausgeführt, wozu die Unternehmerin einen einmaligen Betrag von 20 000 Mk. geleistet hatte. Die seitens der Stadt erteilte Konzession erstreckte sich auf 38 Jahre, nach deren Ablauf das sämtliche in den Straßen liegende und stehende Material an Schwellen, Schienen und dergl. mit Ausnahme des rollenden Materials und der außerhalb des Bahnkörpers liegenden Grundstücke unentgeltlich in den Besitz der Stadt übergeht. Die Gesellschaft übernahm ferner die Verpflichtung, aus ihren aus dem Fahrbetrieb resultierenden Einnahmen der Stadt nachstehende Sätze zu zahlen:

Bei einer Bruttoeinnahme von 200 000 Mk. jährlich 2 %
„ „ „ bis 210 000 „ „ 2$^1/_5$ %
„ „ „ „ 220 000 „ „ 2$^2/_5$ %
„ „ „ „ 300 000 „ und darüber 4 %.

Der Betrieb wurde mit 20 Wagen und 68 Pferden eröffnet; 1899 wurde elektrischer Betrieb eingeführt, wozu 34 Motor- und 18 Anhängewagen beschafft wurden. Die Betriebslänge ist von 5,91 km im Eröffnungsjahr auf 8,63 km (1908) gestiegen. Als Beamte werden von der Gesellschaft gegenwärtig 150 Personen beschäftigt.

Als Ende der achtziger Jahre eine Erweiterung des Straßenbahnnetzes notwendig wurde, sah die Stadt ebenfalls von der Übernahme der neuen Linien in eigene Verwaltung ab. Sie baute jedoch mit einem Kostenaufwande von 310 638 Mk. die erforderlichen Geleise und Depots, während eine neue Gesellschaft, die „Hallesche Stadtbahn", das gesamte übrige Material, insbesondere auch die Wagen und Pferde stellte und den Betrieb übernahm, den sie am 30. August 1889 eröffnete. Schon 1890 wurde von der Allgemeinen Elektrizitätsgesellschaft in Berlin, die in diesem Jahre in die Rechte des ersten Pächters eingetreten war, der elektrische Betrieb eingerichtet und zu diesem Zweck ein eigenes Kraftwerk gebaut.

Der Pachtvertrag und die Konzession der Stadtbahn lief ursprünglich bis 1918, er wurde aber bei Einführung des elektrischen Betriebes bis 1928 verlängert. Für die Benutzung der von der Stadt erbauten Betriebseinrichtungen wurden während des Pferdebetriebes 8000 Mk. p. a. und nachdem 11 000 Mk. p. a. Miete gezahlt. Außerdem fließen der Stadt 15 % des Reingewinnes zu, bei dessen Berechnung jedoch stets als Mindestbetriebskosten pro einen Wagenkilometer 25 Pf. anzusetzen sind, eine Bestimmung, die sich für die Stadt als entschieden nachteilig erwiesen hat, da die wirklichen Betriebskosten weit geringer sind. Die Stadt hat weiter die Unterhaltung des Bahnkörpers gegen einen jährlichen Pauschalsatz von 30 Pf. pro Meter übernommen.

Bei Eröffnung ihres Betriebes verfügte die Stadtbahn über 21 Wagen, 104 Pferde und 65 Beamte; gegenwärtig (1908) zählt ihr Wagenpark 58 Motor- und 23 Anhängewagen und es stehen 255 Beamte in ihren Diensten. Die Länge der von ihr befahrenen Strecken betrug 1889 6,7 km, 1908 16,9 km.

Die der Stadt von den Straßenbahngesellschaften zufließenden Einnahmen sind aus nachstehender Tabelle ersichtlich, in der jedoch die feste, von der Stadtbahngesellschaft zu zahlende Miete von 8000 bzw. 11 000 Mk. nicht mit enthalten ist, da diese nur eben die Verzinsung des aufgewendeten Kapitals darstellt, also keinen Reingewinn der Stadt bedeutet.

Jahr	Gewinnanteil der Stadt bei der Straßenbahngesellschaft Mk.	der Stadtbahn Mk.	beiden Gesellschaften zusammen Mk.	Dividenden der Straßenbahngesellschaft %	Jahr	Gewinnanteil der Stadt bei der Straßenbahngesellschaft Mk.	der Stadtbahn Mk.	beiden Gesellschaften zusammen Mk.	Dividenden der Straßenbahngesellschaft %
1890/91	—	—	—		1899/00	4 685	2 473	7 158	0
1891/92	4 292	—	4 292		1900/01	10 853	3 035	13 888	0
1892/93	3 814	—	3 814		1901/02	12 642	5 667	18 309	0
1893/94	2 884	—	2 884		1902/03	12 437	—	12 437	0
1894/95	2 901	—	2 901		1903/04	13 697	675	14 372	1
1895/96	2 845	—	2 845		1904/05	15 128	4 645	19 773	$4^{1/2}$
1896/97	2 859	—	2 859		1905/06	16 379	8 747	25 126	$6^{1/2}$
1897/98	2 840	2 515	5 355	1	1906/07	17 764	15 475	33 239	$8^{1/4}$
1898/99	2 845	2 733	5 578	$1^{3/5}$	1907/08	19 287	8 677	27 964	

XIII.
Das Ankündigungswesen.

Das Ankündigungswesen erfuhr seine erste Regelung im Jahre 1880, in welchem einem Unternehmer das Recht erteilt wurde, 36 Plakatsäulen auf den Straßen aufzustellen, welche sofort in das Eigentum der Stadt übergingen. Dem Unternehmer wurde das Nutznießungsrecht auf fünf Jahre unentgeltlich zugebilligt. Vom sechsten Jahre an hatte er der Stadt 5 % der Bruttoeinnahme, mindestens aber im 6. bis 10. Jahre 3 Mk., im 11. bis 15. Jahre 4 Mk., im 16. bis 20. Jahre 5 Mk. pro Säule und Jahr zu zahlen. Nach Ablauf dieses Vertrages wurden die der Stadt gehörenden Plakatsäulen vom 1. Oktober 1901 bis 30. September 1911 gegen eine Jahresmiete von 3925 Mk. neu verpachtet. Dem Pächter wurde außerdem die Verpflichtung auferlegt, die Ankündigungen des Magistrats und der Polizei unentgeltlich anzuschlagen.

In diesem Zusammenhange mag erwähnt werden, daß die Stadt eine Zeitlang auch im Besitze einer Tageszeitung, des 1799 gegründeten Halleschen Tageblattes gewesen ist, das ihr als Stiftung mit der Bestimmung zugefallen war, daß der Reinertrag in die Armenkasse fließen solle. Dieses Verlagsunternehmen der Stadt stand aber unter keinem günstigen Stern. Offenbar fehlte es auch an der richtigen Leitung. In dem städtischen Verwaltungsbericht von 1882/83 heißt es:

„... Die Konkurrenz mehrerer anderer durch die private Stellung ihrer Verleger zu spekulativem Vertriebe geeigneter Lokalzeitungen hat sich in fühlbarer Weise geltend gemacht."

Und weiter im Anschluß an die Mitteilung, daß die früher liberale Hallesche Zeitung jetzt die Interessen der konservativen Partei vertrete: „Das Kgl. Landratsamt des Saalkreises, welches seither das Hallesche Tageblatt als offizielles Publikationsorgan benutzte, hat demselben die fraglichen Funktionen entzogen und nach stattgehabtem Wechsel des politischen Standpunktes der Halleschen Zeitung übertragen." Die finanziellen Ergebnisse waren unter diesen Umständen nicht günstig. Während 1879 noch 5625 Mk. in die Armenkasse geflossen waren, konnten dieser im Jahre 1881 nur noch 3084 Mk. zugeführt werden; für 1882/83 wird überhaupt kein Gewinn mehr angegeben und 1885/86 war sogar ein Zuschuß von 7 500 Mk. erforderlich; da alle Bemühungen, dem Tageblatt wieder größere Verbreitung zu verschaffen, ergebnislos blieben, entschloß sich der Magistrat, das Unternehmen eingehen zu lassen.

Printed by Libri Plureos GmbH
in Hamburg, Germany